吐蕃贊普
精神文化
復興之道

藏區土鼠年和平革命

扎加 著・牧人 譯

幸福是自由的結果，自由是勇氣的結果。

　　　　　——古希臘民主政治家伯里克利

藏區土鼠年和平革命[1]

——吐蕃贊普精神文化復興之道

[1] 2008年發生在藏區大地的和平革命，中共統治者稱之為「3‧14事件」、「拉薩事件」、「拉薩3‧14事件」、「3‧14拉薩暴亂」，以及「拉薩3‧14打砸搶燒事件」等；而藏區境內外的新聞媒體和知識界人士、作家群體稱此為「和平大運動」、「土鼠年大和平運動」、「和平起義」、「獨立運動」、「群起運動」等冠上了很多不同的名稱。本人稱此為《藏區土鼠年和平革命》，因為統治者強加的名稱太狹隘，沒有確定性，不但有片面和歪曲的缺點，而且含有政治因素，多半是偏袒拖扯和議論惡罵所稱其名，故此，脫離了現實的意義而棄之未用。按照藏族人自己的命名，這次的和平革命不具備「有組織、有目的」的擁有運動意義的特點；這不僅僅是一次「對壓迫者的反抗」，更具有起義的特點；也不是一次「為了反抗反動統治所採取的共同暴行」的擁有運動意義的起義，而是具有和平的特色。所以，這些命名也拋開沒用。我根據時間為土鼠年，性質為和平，「改造自然和改造社會中進行的大革新」，「打破社會的舊制度，建立新的社會制度和使社會前進發展」等術語之定義，以及藏區文化中通用的命名慣例，並依據國際上公開應用的語言，才把此次此在藏區發生的起義運動稱之為「藏區土鼠年和平革命」的。

序

　　「異教徒」在火刑柱上燃燒的身體，照亮了中世紀的千年黑暗。二〇一二年以來，數十位藏人男女，點燃他們英俊秀麗的生命，為自由的真理而獻祭；那一團團在悲風中狂舞的金色烈焰，照亮了當代東亞大陸中共極權鐵幕下的黑暗。

　　藏人抗爭中共暴政，追求自由的當代英雄史詩已歷半個世紀。知識分子神聖的天職之一，就是用思想使追求自由的英雄史詩，升華為自由的哲理和政治意志，升華為一個民族的魂魄。《藏區土鼠年和平革命——吐蕃贊普精神文化復興之道》一書證明，她的創作者承擔起了藏民族知識分子的天職。書的作者筆名學懂。

　　《藏區土鼠年和平革命——吐蕃贊普精神文化復興之道》的原名曾叫作《開天闢地》。其意在於，二〇〇八年藏區高山大嶺、草原河川之間如火如荼的抗爭暴政運動，同時也是一次思想的大覺醒運動，即精神意義上的「開天闢地」。反抗的藏

人不僅展現出對自由、民主和人權生死熱戀，而且把吐蕃復國的意志刻在時代的額頭之上。這意味著，從此之後，自由西藏運動不僅以宗教信仰自由為訴求，而且將在更廣闊的精神價值領域中，表述藏人對自由的理解。

　　任何反抗暴政的現實運動，如果不能升華為自由的哲理和政治意志，將很快被歷史遺忘。在中共暴政試圖用專制鐵幕和豪華的謊言埋葬事實真相的情況下，就更是如此。學懂則承擔起為自由西藏運動鑄造生命哲理與政治意志，鑄造復國之魂的天職。就此而言，學懂堪稱當代藏人的智者，也無愧於民族智慧之鏡的稱謂；《藏區土鼠年和平革命──吐蕃贊普精神文化復興之道》則是關於藏人自由命運的智者之書。

　　西藏流亡政府原總理桑東仁波切留下兩項消極的政治遺產。這兩項政治遺產使死於中共暴政的百萬藏人冤魂黯然神傷，欲哭無淚。

　　首先，桑東仁波切為藏人的反抗運動設立了一個荒謬的限制，即「在《中華人民共和國憲法》框架內，尋求真正自治」。超越半個世紀，數十萬藏人翻越雲際之上的喜馬拉雅，走上流亡之路；百萬藏人為反抗暴政的文化性種族滅絕政策而作生命的血祭，根本原因就在於以憲法為法律之王的中共專制惡法之內，只有奴役，沒有自由。桑東仁波切卻要在極權專制

的法律鐵牢中，尋求以自治的方式獲得自由，豈非與虎謀皮，水中撈月。

　　中共暴政把國家恐怖主義發揮到極致，對境內藏人的反抗實施殘酷鎮壓。桑東仁波切卻把同中共暴政的談判視為最重要的政治活動，相當程度上忽略了對境內藏人反抗暴政運動的支持和援助。桑東仁波切顯然不懂一個常識：沒有人民對暴政的抗爭，就沒有自由；自由從來不會來自於暴政的恩賜。

　　桑東仁波切的第二項消極政治遺產表現為，在他離職前的安排下，西藏流亡政府改稱「藏人行政中央」。稱謂的改變意味著重大的政治退化──西藏流亡政府由此從領導全體藏人追求民族自由的政治組織，退化為只管理流亡藏人行政事務的機構，最多只能算一個人權團體。

　　在追求自由的藏人心目中，無論他們死於刑場上，還是凋殘於鐵牢布滿血鏽的陰影下，或者消失於苦役犯的命運之路上，西藏流亡政府的存在，都是他們心中希望的聖火。然而，桑東仁波切不顧普遍的反對，在西藏自由命運艱難時刻，親手熄滅了希望的聖火。他為什麼這樣冷酷？

　　然而，天祐藏人。就在桑東仁波切的消極的政治遺產，使「自由西藏」運動走入困境的時刻，學懂的著作《藏區土鼠年和平革命──吐蕃贊普精神文化復興之道》，卻開啟了通向另一

片廣闊天地的思想之門。這個事實也表明，無論桑東仁波切這些遠離西藏的人如何思想和行為──我在這裏所說的「遠離」是思想和心靈意義上的，而不是指肉體；只要魂繫西藏高原上為自由而獻祭的紅血與白骨，而不是醉心於同中共暴政談判，即使肉體遠離故國萬里，思想也可以同故國同呼吸共命運──雪域高原上反抗暴政的運動，都將同自由的風一起，日夜浩盪，直至西藏自由理想的實現。因為，西藏境內的藏人已經有了自己的智者和智者之書。

半個世紀前，達賴喇嘛尊者引領藏人走上流亡之路，開創了自由西藏運動。這條艱難困苦而又勇敢高貴的命運之路，既是走出中共暴政的政治法律鐵牢的自由之路，也是回歸心靈的神聖之路。達賴喇嘛尊者可稱為當代的摩西，無論對於藏人、漢人，或者全人類，都是如此。因為，中共暴政不僅奴役藏人，而且奴役中國人，同時，也正以極權主義的全球擴張，威脅人類的自由命運──中共暴政是當代世界的萬惡之源。

二〇一一年，達賴喇嘛尊者宣布放棄政治權力，從而走下權力之巔。千古之時，佛走下王座，贏得了真理，成為聖者。當代，中共千萬貪官污吏都在為獲得和保住權力而日夜焦慮，并生活在血腥陰謀中，達賴喇嘛尊者卻離開了權力。尊者走出權力殿堂的腳步，同釋迦牟尼走下王座的腳步一樣，都通向不

朽的宇宙精神。

　　達賴喇嘛是藏傳佛教的聖者，而藏傳佛教又是藏人心靈的
歸依；達賴喇嘛尊者將守護藏人聖潔而高貴的心靈，他是藏人
的民族之魂。以學懂為象征的當代西藏智者──我願把他們視為
一個群體──正在超越宗教的視野，創造屬於藏人的現代精神價
值；他們將成為藏人自由意志和政治戰略的表述者，藏人反抗
暴政的史詩因此會在充滿智慧的自由意志和政治戰略引導下，
贏得未來的祝福。

　　　　　　　　　　　　　　袁紅冰於澳大利亞悉尼
　　　　　　　　　　　　　　2012年4月21日

前　言

　　2008年，對我產生了三個不同的感知，這三個不同的感知便是喜悅之感；憂慮之感；恐懼之感。接下來我將認真論述這三個感知，之後，也將自然地要講一講非暴力和平之道。

　　通常，對感知無法做出最精確的描述，這有兩個原因，其一：是人們侷限於能詮，其二：是人們侷限於經驗。

　　任何感知對詮釋者帶來術語不足之困難，任何感知對收聽者產生經歷上的欠缺，因此，對某個感知很難以理性地予以描述。人們為了更加確切地詮釋感知卻製造出了若干個術語和名詞，比如面部表情，手勢，音調等用來描述和詮釋，但是，不大可能如同是感受到的或者所感知的信號一樣地完完全全地予以表達。儘管如此，就此而言，都是基於人們以理性去解釋人類擁有的所有事物，或者以詮釋者的角度論詮所形成，所以，本人將把它當作一法則來對感知進行執著地闡述。

　　藏區民間有這麼一個傳說，藏區一天裡發生過三次苦樂，

那時是在第五世達賴喇嘛時期，有一天突然傳來第五世達賴喇嘛圓寂的噩耗後人們深陷痛苦之中時，突然，傳來五世達賴喇嘛的靈童已經認定的喜訊後人們萬分喜悅，一會兒後，又傳來坐床典禮圓滿結束的消息後大家都沉浸在一片喜慶之中。

　　藏人的歷史本來就有神話和誇張的色彩，所以很難確信。不過，據歷史記載，第五世達賴喇嘛圓寂後考慮到內外形式等多種因素，第司[1]—桑傑嘉措把達賴喇嘛圓寂的事情保密了十多年。那種特殊年代或許會產生如此的特殊事情，就此，本著需要就借來用作文章的題材。藏區史書中一天裡發生三次苦歡一樣，對於我就在這一年裡也一樣產生了喜、憂、懼的三種特殊的感知，以下就對此進行一一地闡述吧！

扎加／學懂
2009年於西寧

---

[1] 舊時，代表達賴喇嘛管理政務者，也叫攝政王。

CONTENTS

CONTENTS

第一章

喜——勇氣種子增九成

　　站在歷史的高度鳥瞰時會，當歷史的滾滾車輪艱難地走盡二十世紀、剛剛跨入二十一世紀時，藏人就開始大規模地、一心一意地、毅然決然地起來，抗爭屬於自己的權利──自由、平等、民主、信仰等，這的確是一件值得高興的事情。

　　為了屬於個人的權利而進行的和平革命，從廣義的角度來看是在爭取個人的權利，從狹義的角度來說也是在爭取民族的尊嚴和榮耀，所以，無論從廣義還是從狹義上都是不可磨滅的藏族歷史之豐碑。既然如此，如果不是中共獨裁者的同僚和幫凶，為何不把這次革命運動號稱是一件值得高興的進步事件呢？

　　回首往事，從贊普的歷史終結開始，藏族人為了內心而付出所有的智慧和才華、能力，竭盡全力尋找心的本性，全神貫注地修習佛法和宗教已經有一千多年的歷史可循。在如此長舊的歲月裡，藏人拋棄了贊普時代的地域意識、氏族意識、俗民政治意識和英雄意識，只選擇了眾生皆為母親[1]的成佛之道，而為了這個成佛目標採取的大規模地、一心一意地、毅然決然地積極接受的情形，便是以修心四厭棄[2]來修習和解說四諦[3]和四

---

[1] 佛教廣信世間眾生皆為母親。

[2] 提高修養時背棄執著的四步驟：心向於法、法入於道、斷道錯亂、錯亂轉為智慧。

[3] 即四聖諦，釋迦牟尼處轉法輪所說總括一切生死涅槃因果，應取捨事之四聖諦，即苦諦、集體、滅諦、道諦。

法印[4]的過程。然而，在人道文化和佛法文化、世間文化和出世文化、現實文化和隱蔽文化中，拋棄了前者而應用了後者，至少可以說前者優先而後者其次。因此，千遍萬遍地念誦和參禪佛、法、僧來修習宗教以外，沒有把自由、平等、權利、民主作為中心對世俗之事加以鞏固和發展。即使高呼不能拋棄俗民政治的贊普時代的俗民政治意識還剩那麼一點點，到了後來也被稱之為「政教合一」的政治模型取而代之了，於是把國家政治安置在了次要的位置上，故此，對於許多藏人而言，幾乎不知道所謂的自由、平等、權利、民主等為基礎的俗民政治是何物。

　　自由和平等、權利和民主從根本來講是一些政治術語，可就在缺乏政治意識、區域意識、民族意識的環境和時代，對這些術語的認識和發現是一件簡直不可思議的莫大的事情，簡直同哥倫比亞發現美洲大陸一般，是開天闢地似的發現和進步。

　　對於這些意識的淡薄或者壓根就沒有過這些意識的表現形式，從藏區歷史中的幾處年份和其他國家的史實對比一下就會清清楚楚。

　　在1215年，英國人發表了《自由大憲章》，並把保障人

---

[4] 諸行無常、有漏皆苦、諸法無我、涅槃寂靜。——譯者。

的權利與自由的法令寫進憲章時，吐蕃因為內亂而解體，並走向群雄分裂的割據，封閉自守的格局；同時，一個個部族領袖和部落頭人，喇嘛和教主爭前恐後跑到京城，跪倒在元朝皇帝和太子腳下，爭想借此力量來建立和鞏固各自部落和教派的勢力，從而開始步入擴展和比賽勢力的曲折道路。

　　1689年，漫長而黑暗的中世紀結束不久，英國議會通過《權利法案》，把自由和平等載入法案，而且朝向虛位君主制度邁出了關鍵性的一步，議會逐漸成為國家的最高權力機構的時候，藏人把自己解體再解體的內因──教派之爭正搞得如火如荼。即使野性勃勃，張開虎口想把吐蕃一口吞進肚子裡的外族人正在虎視眈眈地算計，陰謀統治的行為有形無形地在吐蕃顯現的非常時期，藏人們尤其是吐蕃的頭人們依然深陷在教派之爭的混亂情形中勝負未定。當時正是嘉木樣─協貝多傑撰寫《教派廣論》的時期，藏人這個時期的混亂程度從史書中有詳細記載。

　　時間又過去八十七年後，於1776年美國人發表了《獨立宣言》，並把個人的自由和平等的權利寫進宣言並向世界宣布時，適逢大名鼎鼎的第六世班禪喇嘛華丹益希收到大清皇帝乾隆邀請他訪問北京的請柬的那一年，第六世班禪喇嘛於1779年前往北京並舉行了多次盛大的法事活動，其目的弘法可以算作一個，

最重要的還是討好乾隆皇帝的歡喜，將來好讓在權利爭奪時當
作討價還價的籌碼，更糟時可以當靠山，無奈時還可以投奔。

　　為了限制藏政府的權力及鞏固駐藏欽差大臣的地位，有人
制定了《水牛年文書》或《欽定藏內善後章程二十九條》[5]，也
有野心家企圖顛覆吐蕃政權，藏人卻把這類人稱為「宮麻」[6]即
「上者」或者「皇上」。

　　又有人說什麼「乾隆是文殊菩薩的化身」[7]，故此猶如失兒
戀母般地前往皇宮磕頭拜訪，對外說是為了連接和加固誤認為
是至上關係的所謂「施者與施主的關係」，實際上是為了各自

[5]　《欽定藏內善後章程二十九條》而言，有兩種藏文版本，三種漢譯版本。據牙含章《達賴喇嘛
傳》稱，「《章程》藏文本分別珍藏在拉薩大昭寺和扎什倫布寺中。而扎什倫布寺所藏的藏文原
本，在50年代初由西藏工委照藏文原本全文譯出，定名為《駐藏大臣二十九條權力》，中共中央
統戰部辦公室於1953年5月曾鉛印若干本，供內部參考。」很有趣的是北京沒有入侵之前這個文書
只有藏文版本而沒有中文或滿文版本，因此，至少留下了三個疑問。第一，清廷是否知道此文？
如果說知道，那麼，為何沒有留下中文或滿文版本？第二，這是否為藏方當政者為內鬥平息而採
取了拿清廷嚇唬藏人而杜撰的醜招？第三，當時是否清廷援軍領頭人和藏方當政者之間口頭上討
論並未能付諸行動的一份草稿？留待研究。當然，北京政府竭力把此文已經翻譯為中文，應用到所
謂清廷管理藏人的依據，而且，一些戰略學者把連《清實錄》中清楚地記載的「欽差大臣」都改
稱了所謂的「住藏大臣」。

[6]　宮麻是藏語，意思是上者或者是皇帝之意。

[7]　曾第五世達賴喇嘛應邀訪問北京時與清朝皇帝互贈尊號。順治帝贈五世達賴喇嘛為「西天大善自
在佛所領天下釋教普通瓦赤喇怛喇達賴喇嘛」，五世達賴喇嘛還贈大清順治皇帝為「金光四射，
銀光普照，旋乾轉坤，人世之天，文殊大皇帝」。從此大清歷代皇帝繼承了「文殊菩薩皇帝」尊
號，並漢人一般五臺山視為文殊菩薩聖地和文殊教化漢地等巧妙地結合在了一起，而且，清廷立
足於中原找到了思想理論依據。──譯者。

的主子給下人恩賜的朱紅官印、虹邊詔書、官位、錢財罷了。
如此的有請拜訪乃是無數個「施者與施主的關係」中的一列。
不過，除了表現出上者和下者，上方和下方關係之外，這種關
係很清楚沒有表現出平等和自由。

　　沒過幾年後的1789年，法國人發布《人權宣言》維護人
的權利時，藏人別說是自由和平等，就連世界是個怎樣的都不
清楚。因為，這個時間恰恰是介紹世界的贊普瑙曼汗嘉木華卻
傑丹增成列出生的年代。1830年他撰寫了《世界廣注》一書，
可是，這只是他把地球東部一小塊的地理環境和生物以神話傳
說、耳聞、奇談來進行的概論，僅是佛法大海的一滴，對整個
世界，他未能以人道的慧眼更精確地展現。正因為如此，世界
其他地方非常重視且成為世俗的人的平等和自由等的理念，藏
人無從領悟，也無法領悟。

　　世俗棄若敝屢，佛法愛如珍寶。藏人如此悠閒從容地度過
了一千多年後，迎來了1948年。這一年，世界各國首次建立了
聯合國。當國家和民族在不分強弱，不分貧富，共享共處的基
礎上產生了《聯合國人權宣言》，並把自由和平等的原則公諸
於眾時，為眾生皆為母而僅想成佛的藏人似醒非醒地為了瞭解
外面的世界才準備走出喜馬拉雅山脈去看看，去聽聽。然而，
也只是在美國和英國等的幫助下特派一次商務團訪問了幾個國

家而已。真可謂是補丁遮不住破爛，原本就搖搖欲墜的藏區在不知不覺中，入侵者除了老虎，還加上了狐狸似的，成了別族肆意踐踏的地方。直到今天，藏人還不知所措，不記仇，不言仇，仇將恩報，閒散悠蕩。

我想，從以上的年份對比中不難發現幾處歷史的要點，即：藏人的歷史莫過於誇張主意、教派之爭、施者和施主關係、封閉自守的歷史罷了。

當世界其他地方的人們開始放眼全球，認識自我，為了離苦得樂，把自由和平等寫入章程來保證權利時，藏人的政治狀況依然如故，遲遲沒有變化，即使引進了超脫之道，卻找不到入口；即使找到了救星，卻不懂的如何搞政治。如此一點也能夠說明當時藏人的社會狀況。

然而，當人類剛剛跨入二十一世紀時，整個藏區掀起了一次浩浩蕩蕩的和平革命運動，無法說明這是一次個人權利徹底覺醒的運動，但毫無疑問，這是一次找到了民族和文化、地域等意識的運動。其表現形式是，不像以前的幾次運動那樣僅限於拉薩，這次是在多、衛、康[8]三區高呼著自由和平等的口號，毅然決然地掀起的氣勢浩蕩的和平革命運動。3月10日在拉薩開

---

[8] 藏區共分為三個區域，即安多，衛藏，康。──譯者。

始（說確切一點，2008年3月10日的第一聲口號是在安多的德擦寺喊出的，2008年3月14日拉薩附近的哲蚌寺出現和尚遊行抗議事件，之所以，中共當局稱此為3·14事件。──譯者）的那次革命，一石激起千層浪般迅速擴大，不分寺院和村鎮，不分男女老少，從阿裡到安多，從牧人的草原和農家的田間，就像天空中布滿星星一樣，大地開滿鮮花一樣熠熠發光，燦爛奪目。

明明知道是雞蛋碰石頭，小鳥鬥鷂子，羊羔挑戰餓狼，但這野牛歸山，猛虎歸林般的覺醒，是年復一年壓在心裡的希望之憤怒，如同流星一般劃破了天空；是一代又一代藏人在心裡的真理，猶如泉水一般噴湧而出。可是，欺騙和謊言牽著鼻子開路，狡詐和矯偽攙扶在兩側護衛，凶暴和強制跟在後面押後的人間獨裁的閻王之輪，在打壓和逼供、無中生有和莫須有的助威下，在藏區三區發出了碾扁一切的可怕聲音。雖然刹那間所有的真理和希望都凝固在黑暗之中，人稱第三極的多衛高原[9]雖然又一次被黑暗籠罩，但草原再也不會寧靜的。

沒能被不分青紅皂白，大棒橫掃的暴行嚇倒，也沒能被打破頭骨，開胸挖心的恐怖手段畏縮，更沒能被吸乾血，撤完筋的魔鬼行為而後退。敢用胸口擋住槍口的英勇精神來守護

---

[9] 漢語稱作青藏高原。

自古以來賴以生存的、祖輩們留下的那塊屬於自己的、肥沃的土地，如此堅定不移的勇氣，在這個世界上哪裡還能找到第二個？

獅虎豹熊的勇猛只是逐獵食物的勇猛，大炮飛機之勇也只是科技之勇；能使神仙喜笑顏開，鬼怪畏懼失色，人之子看著羨慕的勇氣不是神的威力，也不是鬼的魔力，更不是人的忍讓和賜予。

那是在父親的舌尖聽來的，在母親的手中傳來的。為此，觀音菩薩見了一定會在雪山之頂微笑，無量光佛見了一定會在雲海之殿歡笑。詩人所說的「我心中的岡底斯**熟睡**的雪獅昂揚起抖落雲露的綠鬃」[10]，今天不也自然成了「我心中的岡底斯**騰越的**雪獅昂揚起抖落雲露的綠鬃」嗎？

是什麼力量使全世界凝眸注視？使什麼原因讓全世界側耳傾聽世稱地球上所有威嚴之最的和平革命運動呢？有人說是邪魔統治的政策太過霸道，人民無法承受過重的某種壓力而發動了自下向上式抗議運動——能讓人民產生如此的勇氣，這其中肯定會有原因；有些人認為是強食弱肉，瓜分財富的當今局勢所造成的，自古以來腳下的土地和頭頂的藍天是不可侵犯的純屬

---

[10] 藏族著名的大詩人伊丹才讓先生的巨作《鼓樂——歷史的教誨》中的一句。——譯者。

個人的神聖權利，因此無奈之下向強盜集團發起的抗爭，其中
必定有因；也有人說是唯心主義擊敗唯物主義的結果，如果相
信信仰的力量大於一切力量，那麼這就肯定是有原因的。

　　如此而言，政治上的嚴厲管制、經濟上的肆意掠奪、文化
上的侵略同化，社會上的邊緣化，從任何一個角度看都構成了
這次和平革命運動的起因。不過，本人從另一面發現，此乃是
贊普時代的精神，隱蔽的國家和政治意識從根本上開始醒悟，
開始的便是尋找氏族和地域的「我」的勇氣。

　　為什麼這樣說呢？綜觀全局，其一，就是在今天，藏人對
政治、經濟、文化的領悟還不夠地道；其二，自稱為虔誠信仰
者的大多數人沒有參加此次的革命運動；其三，積極參入到此
次和平革命運動的主力軍是七十後出生的年輕人。

　　從以上這三個方面考慮，這次革命的主要因素是除了信
仰，還可以認定是跨越習氣的勇氣得到了復興。相對而言，參
與運動的英勇男女有一個共同的特點，那是多數在家庭生活中
沒有承擔主要責任者；能夠及時收到或者聽到最新的信息者；
有膽識、有遠見者；富有民族自尊心和自信心者。

　　因此，當有一天，流淌在血液中的勇敢血性再次復興
時，很自然地會出現符合環境和時間，要求自由和平等的革
命運動。

　　歷史是事物的必然或未定的偶然，世界上的歷史學家對此有截然不同的看法，本人對此不想加以論證。乍一看，此次的革命仿佛是一場偶然間發生的突發事件，但實際上這是贊普時的氏族意識和英雄氣魄的習氣，經過骨髓和血液一代代不間斷相傳至今，並在一個特殊的環境和時間裡再次復興的表現。如果說發生這次革命的原因只是信仰的力量，可是自認為是最虔誠的信仰者中只有一少部分加入到了此次革命中，故此很難認同這種說法。

　　因此，本人堅持認為這是一次精神復興和醒悟的革命，而不是信仰的力量所催生的運動。

　　一些分析人士和研究員說，「藏區土鼠年和平革命」是顏色革命的延續。放眼全球，無可否認，這種說法有他的理由。

　　1989年，捷克斯洛伐克發生「天鵝絨革命」或「絲絨革命」，以非暴力方式向共產主義統治者發起抗議，要求自由和民主。此次革命之後，人類剛剛跨入二十一世紀，東歐和中亞各國連續發生了顏色革命運動。比如格魯吉亞的「玫瑰革命」，發生於2003年，因格魯吉亞盛產玫瑰，故得名。烏克蘭的「栗子花革命」即「橙色革命」，發生於2004年，尤先科的選舉活動中使用橙色作為其代表色，因此這場運動使用橙色作為抗議的顏色。吉爾吉斯斯坦的「鬱金香革命」，發生於2005

年，因反對派雖來自不同城市，但共同握拳表達意願，拳型似鬱金香花，故名。緬甸的「袈裟革命」或稱「降紅色革命」，發生於2007年，因披著絳紅色袈裟的僧侶和緬甸軍政府對峙而得名。

最近幾年連續發生的顏色革命都是獨裁專制政權變更的革命運動。舉行革命的人們往往手裡拿著鮮花，依靠非暴力的方式擁護自由和民主的和平演變過程。

我們把藏區「藏區土鼠年和平革命」放到全世界自由和民主行列的和平演變中看，這次革命的抗議對象是獨裁專制主義，途經和方法是非暴力，最終目的是自由和民主，根據這些特點應當把這次發生在藏區的「藏區土鼠年和平革命」可以堪稱是一次顏色革命，所以就應該把它列在顏色革命的行列中，按理是非常恰當的。

這次反抗獨裁暴政的主力軍是僧尼，而僧尼的袈裟是清一色的絳紅色，因此藏區「藏區土鼠年和平革命」也完全可以稱作是「袈裟革命」或者是「絳紅色革命」。

本人所稱的藏區「絳紅色革命」或者「藏區土鼠年和平革命」，國外的新聞媒體都把它作為2008年的一件大事在進行報導，正如報導中所稱，它是世界歷史中具有深遠意義的民主革命事件。即使革命暫時看不到結果，即使革命暫時沒有取得勝

利，也一樣意義深遠。可謂是成功固然是極大喜事，不成功也是一件好事。

這次革命，標誌著藏人在人類追求自由、平等、權利、民主、和平的歷史進程中，翻開了史無前例，永不磨滅的嶄新的一頁。不僅僅只是在口頭上說說而已、也不僅僅是祈禱求安。

在很長一段時間裡，藏人沒有舉行過大規模的政治反抗運動，同時也沒有舉行過政治起義、政治鬥爭、政治革命等運動。本人認為這有三個方面的原因：

其一，沒有地域和權勢的政治意識；

其二，追求的只是佛和佛法；

其三，分散的微型村落之外沒有建設集中的大型社會。

今天的人們聽到起義、反抗、鬥爭、革命等政治術語時，瞠目結舌，驚慌失色，這都是紅色革命鎮壓所留下的後遺症也是直接後果，紅色革命時期反革命分子和土匪是藏人被批鬥、毆打、打倒、消滅、逼迫、栽贓的最有力的罪證，因此，就在今天，藏人對此恐懼的心理還沒有完全消除掉。

其實，所謂鬥爭和革命，僅僅是暴力鬥爭和暴力革命，暴力鬥爭和暴力革命即使能取得勝利，也只會用暴力來統治，這是必然的結果。

「藏區土鼠年和平革命」是和平革命、是和平鬥爭、是和

平反抗、是沒有違背個人本性的革命。除了集權專制主義外，世界東西兩方都會承認這樣的革命是一次偉大而光榮的和平革命。

　　如此細想，四種不同的因素可以說明本人產生過的喜悅感受，第一，革命的意義；第二，革命的影響；第三，革命的目的；第四，預示真理即將勝利。

第一節　革命的意義

　　革命的意義包含勇氣、覺悟、起義、記錄和宣傳共5個部分。

1. 勇氣

　　勇氣：是指此次革命中突出的保持不懼不畏的英雄氣概之效益和意義。

　　贊普時代賽虎勝豹的英雄豪氣在藏族人的血液裡隱匿了千年之舊，在被外族慘無人道的壓迫打壓下，忍無可忍的窘境下終於蘇醒，並再次以開天闢地般洋溢澎湃。

　　吐蕃王朝第三十三代國王頌贊干布時期的六十一千旗軍[11]的化身和化身之化身般的參加革命的已故英雄們和在世英雄

---

[11] 吐蕃時期軍隊的編制單位，相當於現代中國軍隊編制單位中的師。

們，還有在大牢裡遭受摧殘的同胞們，無不是豪傑男兒，巾幗英雄。倘如英雄的豪氣是「形態」，那麼連乾坤這個「器」都會顯得太小。此情此景恰恰說明了一千多年裡講究「無我」、「空性」的佛教未能使這英雄氣概完全溶解。五十多年裡紅色政權強行的暴力和鎮壓政策也未能使之垮掉，消除。

山崩石裂般的威嚴、萬龍齊鳴般的威風、驚濤拍岸般的震撼、九級地震般的動力，從上燃到下，從下亮到上，仿若從天而降，又似自地而升。明明知道會有大山般承重的壓力、「等活地獄」般的虐待、餓鬼般的饑渴之苦，仍然以豪氣萬丈、鮮血淋淋、氣勢勇猛地抗爭。沸騰的勇氣之種子增九成的精神是贊普的勇氣、是贊普的習氣從根本上的復興。

支起虎帳，殺馬疆場，血塗面額[12]，一去不退之相乃成邊三軍[13]之上軍賽；

血紋寶劍，墳場食飯，身佩壽衣，一去不退之相乃成邊三軍之中軍賽；

持劍扔鞘，刻下遺囑，安頓妻兒，一去不退之相乃成邊三軍之下軍賽。

---

[12] 吐蕃時上戰場前軍人把紅色之物或血塗在臉上。

[13] 頌贊幹布時戍守吐蕃西北至東北邊境一線以防吐谷渾，羌族和漢人的三支吐蕃軍營。——譯者。

　　就在今天，藏人新生一代如同吐蕃時期戍軍一般，把性命和人生作抵押，將苦樂置之於度外，以一去不退的決心揭開了奔向自由和權利，吐蕃復興的序幕。

　　除了個別少數，滿足於溫飽的支那人或漢人沒法和這種決心較量；為了財富和利益而不顧實質的「黃毛猴種」也只好望而卻步。

　　歷史學家們，請記下這些豪男傑女的英勇氣概，讓他們青史留名吧！不可忘記記載他們的英雄事跡，更不能忘記記下他們的姓名。在這些參加過革命的英雄兒女們的呼喚和帶領下，吐蕃人的歷史揭開了新的一頁，也奠定了吐蕃歷史新的石碑的基礎。因此，一個把勇氣當作生命的民族，用生命保衛勇氣的人之子，覺悟到世界上任何力量都不可摧毀的岩石般堅硬的本質──真理，所以，這種固守真理的不朽的英雄氣概，怎麼能不激起我無限的喜悅呢？

2. 覺悟

　　覺悟：是指這次革命中尋回的俗民政治意識和恢復俗民政治覺悟的效益和意義。

　　即尋回的國家意識、權勢意識、政治意識、地域意識、民族意識、個人意識、以及開始復興的自由的覺悟、平等的覺

悟、權利的覺悟、自我的覺悟、民主的覺悟等。

　　藏族人覺悟這些意識和覺悟的時間已經太遲，所以就自然成為後來者。直到今天，除了佛陀、菩提心、眾生、劫波、乾坤、皈依、叩頭、皇帝、神教、鬼教等的意識和覺悟之外，卻不存在以上所言俗民政治意識和覺悟之類，即使有也是屈指可數的寥寥無幾。

　　緩緩而來，遲遲而到的意識和覺悟，今天在藏區，以整體、全部、所有、全面的形式已經找到或正在尋找，與之相伴而來的是驚人的、從未有過的勇氣。正是這勇氣，給永遠一成不變地、對待奴隸般地、妄想繼續統治的獨裁統治者帶來了難以忍受的痛苦；正是這勇氣，提醒那些經常發表「缺乏國家和民族意識」等高論的外國學者們要重新考慮後再定調；正是這勇氣，讓自己步入自由和民主之後卻不關心別人死活的那些「人類的兄弟」們落到有臉無處藏的難堪地步；正是這勇氣，讓在獨裁專制制度下奉行「好死不如賴活著」為座右銘的支那族目瞪口呆；正是這勇氣，「人間凡事無意義」論者、本族的「化身」們和構建「國家文化事業」的本族的學者們剎那間現出了獨裁統治者御用文人的本相；正是這勇氣，在獨裁統治者的鞍前馬後當狗腿子卻沒有滿足於貪污腐敗的本族官僚們成了拉風箱的老鼠——兩頭受氣；正是這勇氣，將本人在內的即沒有

骨氣又沒有同情心的本族知識分子們，成了冬季裡的杜鵑——不鳴的群體。這就是神奇的覺醒的意義，故此，怎麼能不激起我無限的喜悅呢？

3. 反抗

反抗：是指此次革命所表現出的不願意和不接受獨裁專制主義的具有頑強抗爭的精神意義。

無論何時何地，全心全意地保衛自己的權力和利益，毫不考慮民眾的自由和權利，這是獨裁專制主義和集權專制主義共同的風格與特點。他們時常讓人們生活在誘惑、欺騙、愚弄之中，誰要是表現出不願意或不接受他們的統治，挑戰他們的領導權，誰就會遭到打壓、虐待、恐嚇、甚至抄家滅族。

依我之見，想要結束專制統治有兩個途徑：一個是讓比他更大更強的統治機器（比如納粹集權專制主義和法西斯集權專制主義），以暴制暴來結束；另一個是被自由和民主的意識覺醒的民眾集中力量聯合起來，以非暴力的形式推翻專制主義，例如前面講過的顏色革命。目前還沒有看到除了這兩個形式之外的第三種方法。

力爭自由和民主的中國學者劉曉波等2008年發表了《08憲章》，《08憲章》用19條民主憲章論述了中國需要走聯邦制的

民主制度，僅在網上就有兩萬多人表示贊同和支持而簽了名。
可是，他們的合理請求卻遭到了極權專制者的鎮壓：有關人員
被拘押、傳喚、審訊、恐嚇；劉曉波先生被判處了11年徒刑。
從這裡，我們可以看出民主要在中國實現尚很遙遠，至少現在
還看不到希望。

　　有人說中國現在正處在和平轉型和民主轉型的時期，然
而，就算當前中國局勢確有這麼一點跡象，在民眾的政治意識
和權利覺悟沒有覺醒之前，少數知識分子的呼喚和掙扎起不了
太大的作用，這已經是得到驗證的事實。專制統治者不把人當
作人，不拿生命當作生命來對待，也就不會把個人權利按照意
願歸還給人民，所以，他們的統治何時要結束就得看民眾的覺
悟何時才覺醒。

　　兩種結束專制統治的途徑中，2008年在藏區發生的「藏區
土鼠年和平革命」屬於後者，它使我等看到了民眾的政治意識
和權利覺悟已有覺醒和認識的跡象，正因為這個跡象，雖然革命
暫時未能取得成果，也一樣具有深遠的意義，這一點無可置疑。

　　藏人在很長一段時間內沒有過類似的訴求權利和政治意義
上的反抗運動，除了在贊普歷史終結時曾有過一次大型的群眾
反抗運動之外，直到今天，再也沒有發生過政治反抗運動，更
不用說自由、民主、平等、權利等現代性質的反抗運動。

　　時間走到2008年，藏人不但發起了對專制統治者不願意、不接受、不滿足而訴求權利的反抗運動，而且以和平的形式發起了抗爭自由和民主的革命，這是一件使世界人們目瞪口呆的新鮮事，具有史無前例的政治意義，故此，怎麼能使我不激起無限的喜悅呢？

4. 記錄

　　記錄：是指此次革命具有載入國際人權事業中的自由和民主歷史的記錄的意義。

　　藏人對世界歷史發展、政治、經濟、文化等外部世界的關注程度非常有限，對人類精神文明的發展沒有做出特別突出的具有深遠意義的貢獻，然而卻享受了不少別人掙來的成果。即使以一當十，藏人歷史中具有貢獻意義的也僅僅是使贊普精神趨於滅亡，蒙古帝國趨向夭折的佛教，或者說是藏傳佛教而已。今天，藏人把懂一點佛教看成是莫大的理由，張口閉口都是藏族有「燦爛的文化」、「無價的佛教」、「西藏文化有助於世界和平」等等的空嚷，把這些自欺欺人的話像頌六字真言[14]

---

[14]　「六字真言」又作「六字大明咒」（梵vidya^-s!ad!aks!ari^）密教重要咒語，又稱觀世音菩薩心咒。藏文是這樣書寫的：ཨོཾ་མ་ཎི་པདྨེ་ཧཱུྃ 六字真言的發音依次為：oum ma ni be mei hom 六個音節。六字真言可以說是一句即普及而又充滿了神秘的經文，其古老的原始理意已無從考究。前比較普

般一遍又一遍地重複，像畫畫般一次又一次地塗描。但是本人看來，這些都有點言之過早，不切實際，還不如說今年的和平革命在人類自由和民主的歷史進程中揭開了光芒燦爛、可喜可賀的嶄新的一頁——這倒是真的。

藏人在過去的50多年裡，好像不在乎也不需要自由、平等、民主、權利等普世價值般地，過著與世隔絕的自然生活，實際上藏族人藏匿在喜馬拉雅群山背後，沒有搞懂這些普世價值是什麼東西，覺悟程度還沒有到達這種層次之上，「如果一個民族只是被征服和墮落，那麼它的處境還有改善的可能；幸運的機會一旦出現，它不會辜負這種機會；——。」[15]正如公認為古典自由主義思想的先驅者之一的邦雅曼・貢斯當所言，當因素成熟的那一刻來臨，就如同是為了某個願望即使要獻出寶貴的生命也在所不辭般豪邁，也恰似從前過於貫注佛教而淡薄，甚至拋棄了權勢一樣，藏人將「不會辜負這種機會」。

渴望得到自由和平等，力爭權利和民主的人民、民族和個人都應該是偉大的人民、民族和個人，這些豪言壯語被專家和智者說出來才會吸引人、啟發人。可是，到底有沒有人願意側

遍的觀點認為：六字真言是秘密蓮花部的根本真言，分別包含有：佛部心（oum）、寶部心（mani）、蓮花部心（be mei）、金剛部心（hom）共四個內容。

[15] 《古代人的自由和現代人的自由》[法]貢斯當著，商務印書館出版1999年12月第一版P.294。

耳傾聽我───一介文人的話？

　　我相信，即使藏族實現不了他們的願望而趨於滅亡，在人類嚮往自由和民主的歷史事跡中一樣會寫下，一個叫做「博」（藏語發育，即藏族）的四分五裂的民族，為了自由和民主等人類宣稱最最重要的普世價值而曾經受過苦，努過力，獻出過生命。這將成為發展人類精神的動力之一，具有深遠的意義和價值，所以，怎麼能不激起我無限的喜悅呢？

　　再說，當今這個世上，自由和民主的道路越來越寬廣，途經也越來越多，持續的時間也越來越長，自由和民主早已成為了主流政治制度，因此，走在不退之路的每一個藏人倘使於日常的誦經懺悔的同時也念一念自由和民主這門經，即使不懂自由和民主的要義，本人深信總有一天正義定會戰勝邪惡。正如亞胡大巴即猶太人在過去的兩千多年裡遭到屠殺、虐待、避難、分裂之後，1948年在中東重新建立了失去多年的、屬於亞胡大巴自己的自由民主的國家一樣。這是一個很有啟發性的事例。

5. 宣傳

　　宣傳：藏區土鼠年和平革命是得到了巨大的宣傳效果和意義的革命。

　　從2008年3月10日開始，在持續很長的一段時間裡，全世界的各個新聞媒體裡「博」（藏語發音，即藏族）、「吐蕃」，「吐蕃的局勢」、「3‧14事件」、「達賴喇嘛」等報導和平革命事件的新聞如潮水般湧來，在報刊的頭版頭條，電視廣播的黃金時間報導革命的起因、範圍、時序、形勢等，約佔新聞50%以上，與此同時，有關藏區和藏區的「藏區土鼠年和平革命」的講座、報告、評論、介紹等的文章和圖片不計其數。這些報導的內容雖然有正反之分，但從整體而言，對藏區是一次鋪天蓋地的大宣傳，對那些從未到過藏區、從未聽說過藏區、不瞭解藏區、不在乎藏區的人們，具有讓他們重新關注、瞭解藏區的推動力，這就是效益也是意義的所在。

　　特別是中共專制政府的廣播電臺和電視臺、報刊等，擁有「黨的喉舌」之稱號的新聞媒體群，全力醜化和妖魔化藏區和藏族人民，批評舊時藏區的奴隸制社會到炫耀現今黨的恩情下生活在社會主義大家庭中光芒燦爛的藏區；從達賴喇嘛的「罪惡」到國際反華勢力；從流亡政府的執政結構到非官方性的五個團體等，它們以新聞的方式、事實報導的方式、報告的方式把這些內容展現在了人們的眼前，而且特意招集藏、漢、蒙古族的學者和專家、研究員、官員、喇嘛、平民等，對舊時「奴隸制社會」盡其所能地進行了批判、污衊、譴責、揭發、侮辱

等；對藏區現今的「社會主義社會」通過讚美、炫耀、誇張的
手法把它描繪成為「藏區歷史上最好的時期」，尤其把達賴喇
嘛尊者侮蔑成「人面獸心」、「佩著袈裟的狼」等，對達賴喇
嘛尊者進行刻意謾罵、污衊和歪曲。導致不知青紅皂白，在民
族主義情緒中暈頭轉向，腦袋長在屁股上的一大群網蟲對達賴
喇嘛尊者的反應是三個字──「殺了他」。在民族主義這股邪風
在有意煽動下，這種喊打喊殺的情形當時在中國的任何一個網
站上都能看的到。

　　中共官方稱次此運動為「國家統一和國家分裂之間的鬥
爭」；「敵人和我方你死我活的鬥爭」；「漢藏也不是沒有交
過手，每次交手的結果也很清楚」（中共統戰部副部長朱維群
的話──譯者）等，純粹以敵人的立場進行鬥爭和恐嚇。

　　理性也好，感知也罷，政府和個人所表現出的反應都從正
面或反面為宣傳藏區境內已發生和正在發生的事件服務，流亡
海外的藏人在世界各國和平徒步、示威遊行、高呼口號、遞交
呼籲書，在奧林匹克火炬傳遞時，生活在自由國度的流亡藏人
把藏族人的心願伴隨著奧運聖火在世界五大洲一起宣傳，如此
高效的宣傳中共統治者最不希望出現，但卻無可奈何。

　　總之，和平革命使世界各國人民再次瞭解到藏族人熱愛和
平，嚮往民主，要求自由的最基本的訴求，境內外真假、正反

兩面的文章和圖片等所有信息無不服務於藏區的局勢，今年的
宣傳在規模上取得了巨大的勝利，這一點無可置疑。故此，怎
麼能不激起我無限的喜悅呢？

第二節　革命的影響

革命的影響包括模型、通牒、聲明和鼓勵的效益。

1. 模型

模型：是指此次革命向「同一個框架」或「一個家庭」裡
過著政治生活的人們，活生生地展示了一次現代革命的模型，
並留下了革命的深遠影響。

「賴活著不如好死」是藏族人的說法，漢族人的說法恰好
與此相反，是「好死不如賴活著」。從這兩個關於生與死的諺
語就不難看出藏漢兩個民族的兩種截然相反的價值觀和對生死
的看法。

今年的和平革命證明了藏族人的這種價值觀，也驗證了這
個價值觀是符合當前實際的。

同一個法律框架、同一個政策下的人們在同樣的獨裁統治
下生活，可是持有「好死不如賴活著」理論的他們在暴政面前

卻為了活著而努力。根據他人文章中所引用的中共官方內部資
料顯示，每年在中國各地靜坐、上訪，包括暴力抗爭在內的要
求平等、爭取權利的大小事件大約有80000至10000次，不過，
如同藏區一樣為了自由和民主而大面積地高喊口號，示威遊
行，抗議和助威等方式要求革命的勇氣卻少之又少，甚至可以
說是零。

　　89年前的「五四運動」中，中原大地上曾經有過一段要
求民主自由的歷史，之後的年代裡，獨裁和獨裁者之間的閉著
眼睛造孽的鬥爭長期無法和解而耗盡氣力，元氣大傷，最終共
產黨血洗中原大地的暴力革命取得勝利後，實施了比以前更可
怕更極權的專制制度，從此在中原大地上掀起一個鬥爭接著另
一個鬥爭，一個暴行高於另一個暴行的浪潮，這些一連串的計
劃和組織所實施的有計劃、有目的的殘酷運動之後，華夏子孫
們，龍的傳人們幾乎都被調教成了機器似的人。莫須有的罪名
剝奪了無數個志士仁人的性命。這個之後，別說堅持自由和民
主觀點，就連口頭上敢嚷一嚷的人都幾乎沒有了。相反，人
們一心一意保衛的和高呼的是專制萬歲和專制政府萬萬歲的
口號。

　　經過如此一段麻痹的年代之後，在中共所謂的「改革開
放」後的第11年——1989年，「6‧4事件」在天安門廣場發生

時，學生們有意無意中喊了幾聲自由和民主的口號，可是專制政府一夜之間毫不猶豫地把聚集在天安門廣場的成千上萬的「祖國的花朵」們鏟平掃清，當6月5日的太陽照到天安門廣場時，這裡風平浪靜，一切如常，好像從來就沒有發生過什麼事似的，就這樣「6‧4事件」沒了，流產了，完了，清除了。直到今天，除了極少數中國民主主義的學者外再也沒有人要求自由和民主。與此相比，藏區發生的「藏區土鼠年和平革命」的規模之大，勇氣之猛，還有三區藏族人民同心協力，毅然決然的浩蕩形式都較其勝過百倍，所以，可以說，給「好死不如賴活著」的「一個媽媽的兄弟」們展示了一次生動的模型。

藏族人民清楚地知道專制者無論何時何地都不會讓你擁有真正的自由和民主，權利等普世價值，故此，爭取這些權利，唯一可行之道乃是和平革命。

藏人不但作了一次，如何進行現代式革命的示範，而且展示了普世價值是值得去爭取、應該去爭取，可以爭取的生動的現代革命的模型。

與此同時，藏人不是專制統治者強加的所謂野蠻、迷信、愚昧無知的愚夫、野蠻人，而是在逐步認識自由和民主，權利的價值，在提高覺悟的同時，藏族人展現出不甘心在專制統治下乖如羊般，半死不活地繼續存在的決心。這也是使我激起無

限喜悅的原因之一。

2. 通牒

通牒：是指向專制統治者的統治罪惡和統治政策發出的強烈通牒，促使改正所有觀點和行為的影響。

在很長一段時間裡，藏族人失去了權勢意識和自由的覺悟，自從落入專制者的魔網之後，除了1959年的拉薩起義，和1988年的拉薩反抗運動之外沒有過大規模的反抗運動和起義，更不用說革命了。相反地，藏族人聽著「翻身農奴把歌唱」的畸形旋律和伴隨著「心情舒暢一、二、三、四」[16]的歡歌，在社會主義的大道上「像小鳥一樣起飛」。可是，發自勇氣和覺醒的2008年的和平革命，向專制統治者的統治罪惡和統治政策發出了最後的、最嚴厲的通牒，這是無可否認的事實。

也許，專制者不是把藏族人看成是餵大糞不會吐，用火燙不會喊疼，轄上鞍子當牛使還不會說不的馴熟的驢，也不是當成了牽著鼻子的牛一般任意使喚欺壓的畜牲，而是，因為專制者看清了藏族人的地域意識和民族意識太淡薄，才有了任其擺

---

[16] 藏語歌曲《我們相聚在這裡》裡的一段歌詞。

布的的念頭，於是專制者才可能把藏族人分割到四省一區[17]裡繼續實施其分而治之；也許，專制者發現藏族人不信仰人道文化和人文文化的「特色」，把現代式的學校變成寺院，寺院變成化身院而提供條件；也許，專制者看到藏族人不太在意語言文字和符號的弱點，開辦了許多個同化、漢化的教育體系；可能把藏族人奉信「皆空無我」之觀點和熱情好客的傳統看成是入侵的機會，才打著「西部大開發」的隱身大傘從中國內地大批移民到藏區；或許，把藏族人不喜歡地位和權勢看作是愚昧，才宣稱「自治」但是最高權力由自己人（即漢族人）來掌控的「中國式 自治」的政治風俗；也可能把藏族人看成是心猿意馬不可信的動物，然而拒絕藏族人進入政府要害部門；也許，把藏族人的欲望小、容易知足、生性懶惰看成是搶取的理由，一邊在大量開採礦物而另一邊只賞賜少得可憐的一點點扶貧救濟；或許，把藏族人具有的好戰強悍認定是野性未改，才實施了暴力鎮壓和滿門抄斬的恐怖手段。

　　諸如此類專制者的統治手段和統治政策，事實上，方法上的溫和和粗暴、時間上的長與短、形式上的公開和隱蔽等做法和政策不是針對藏區別具一格的特色所制定的，而是為了進一

---

[17] 青海省，甘肅省，四川省，雲南省和西藏自治區。

步牢固地統治打下了一勞永逸的基礎，這是大家都心知肚明的事實。

　　專制統治者們延續其傳統文化，以除了吃飽肚子別無追求的他們自己族類的治理方法來統治藏族人。直到今天，持續的五十年的統治方法和政策仍然和自由、和平、權利背道而馳。正因為專制統治違背時代潮流，藏族人才勇敢地、堅決地發起了革命，雖然還無法確定革命會取得什麼結果，但是給統治者敲響了警鐘，最起碼是一次深思的機會，對藏區的看法、手段、政策等不得不做出調整。

　　本人看來，統治者直到今天仍然不瞭解藏區、不懂藏區，從現在開始，如果未來出現一位既瞭解藏區也領會藏區、又具備政治魄力和遠見的統領，也許會步入雙贏互惠，利眾利民的民主政治道路，不過，想到他們無恥無理的傳統行徑，他們未來的統治政策和手段只會比以往更加嚴厲、更加凶惡、更加狹窄、更加暴虐！

　　總之，和平革命向統治者的罪惡行為發出了嚴厲的通牒，留下了令統治者必須改變其思想行為的深刻影響，這當然是激起我無限喜悅的原因之一。

3. 聲明

　　聲明：是指基於藏族人敬慕自由和民主，向全世界聲明了藏區不但存在問題，而且，這個問題以一種緊要嚴重的形式而存在，因此留下了這個問題非要解決不可的影響。

　　從大局來說，解決藏區問題除了藏族人以外沒有希望可依，可是從內因和外因來講，藏區問題的形成，除了作為內因的藏族，毋庸置疑，成為外因的國際社會也有不可推辭的責任。本人經常這樣想，比如兩個人之間發生了矛盾，嘴上打架是構不成案件的，沒有案件也就不必開庭審理，如果有一天打架惡鬥，打死打傷的事情發生時才成為案件，這個時候才有雙方律師或調解員來調停，需要做到大腿不贏小腿不輸的局面，如同藏族諺語裡「上午是被告的案件，下午是律師的案件」一般，那麼，如何去找到一個能使停打休戰，有能使握手和好的律師呢？

　　至於藏區問題不久會圓滿解決的說法，如果不是寬恕自己的心靈和欺騙各自的祈禱，那一定是空口說白話。而今年發生的和平革命恰恰製造了這個案件，倘使這個世界上還有一個主持公道、履行正義的「律師」，現在是時候關心重視藏區問題，把解決藏區問題列在日程上的時候了。

　　國際社會不是藏族佛教文化之主軸即慈悲、皆空、菩薩和自他平等相換的實行者，儘管他們的文化中也有同情和兄弟姐妹等的思想觀點，但是，「我」沒有利益可圖不會隨便幫助「他人」；雖然時常把自由、平等、權利和民主掛在嘴邊，貼在牆上，但是，前提條件是「我」是否有利益可圖。像藏族人這樣不在乎權勢地域的民族，只在乎眾生和來世者，他們中間以前沒有出現過，以後也不會出現。如果「我」有利益可圖，全阿拉伯世界再反對再阻止，國際社會一樣推翻伊拉克和阿富汗的專制政權建立起了民主國家；「我」沒有利益可圖，即使盧安達種族清洗砍下萬人之首，國際社會同樣置之不理。目前在藏區，還沒有發現能使促長人類經濟的大型油田和稀少礦物等，因此很少有人來相助，雖然從地理上講，藏區具有很高的戰略意義，可是在電子時代裡海洋和空間比大陸更具意義，所以，誰還會來相助？

　　如果藏族人常說的，藏區「地下全是豐富的礦物，地上全是奇花異草」成為現實的那一天，也許「黃毛猴神」化身的九十九萬天兵天將才會前來助戰的，不過，到時候他們也會如同是從前的外來勢力一樣，將會重演藏區當作經濟資本和抵押的把戲。

　　藏區問題能否解決全靠藏族人自己。如果藏族人的信心夠

堅定，就如同《顯宗》可以代替《白傘蓋》來朗誦；「是」可以壓制「不是」；「滅絕」跟隨「崩潰」一樣，這些並非自然真理或聖旨準則；如果藏族人的信心夠堅定，魔眾也有抑制感情的時候，何況國際社會，一定會有主持公道澈悟的一天，這一點是本人比量推理而知的。

　　總之，和平革命把藏區問題的緊迫性和重要性擺在了世界人民的眼前，並聲明了「案件」需要「律師」去調解，問題有待解決的狀況。故此，這一點也是使我激起無限喜悅的原因之一。

4. 鼓勵

　　鼓勵：是對本民族的個人和集體，以及給下一代人留下了為了自由和民主必須要鬥爭的影響和習性。

　　如同以上所說，藏族人甩開俗民政治意識，以封閉自守的狀態躲藏在高原的高山深溝裡，數百年間不關心外面的世界，也不管理自己的家園，他們既沒有過為俗民政治鬥爭的歷史，也沒有過為家園奮鬥的經歷。要是一定要說一說究竟為了什麼而鬥爭過？為了什麼而奮鬥過？也只能說是教派間的鬥爭歷史和為寺廟莊園的奮鬥經歷而已。鬥爭過卻未能完成的也是成佛的問題，奮鬥過卻未能解決的問題仍然是成佛的問題。他們依

然像過去那樣，因為罪孽深重才降生在了藏區，他們依然像過去那樣，因為福分已盡才在輪迴道上往返。

藏族人一生中沒有停止過發佳願，即「願著有情具足安樂即安樂因；願著有情永離苦惱即苦惱因 ；願著有情永不離失無苦之樂；願著有情遠離愛惡住平等舍 」[18]

可是眾生仍然處在苦樂和偏心愛憎中，擁有眾生之心者也許會得樂離苦；具有自我本族意識者也許會無樂有苦；空性無我地修習者也許心懷寬恕；不過對無空性卻無我的偏心愛憎者們而言，也許他們的心情更緊張。

「鬥爭有罪惡、鬥爭有惡果、鬥爭無道理、鬥爭無意義，無論如何都不能有鬥爭、即使為了自由還是沒有鬥爭的好」。一向持這種態度和思維者，使巍巍莊嚴的雪山獅子，被生在腹中的寄生蟲吃空，把一切的一切呈送給了他人，不計其數的無辜生命白白地死去，這種現象即使在今天還在延續，如果為那些無辜死亡的人們找出一個承擔責任者，除了不願鬥爭的思想和習氣之外不會找到第二個。

本人認為沒有偏私之心和愛憎之心的文化和思想應該為藏族的歷史負主要責任。

---

[18] 四無量心，梵文Caturapramāṇāḥ，佛教四種廣大的利他心。

可是，當人類剛剛步入二十一世紀之際，這樣的思想被形勢逼到邊緣，弱小的藏族人，鼓起了勇氣，提高了覺悟，爭取自由和權利的信念在萌動。這恰恰證明了藏族人正在拋棄原始的思想和習氣。口頭上闡述的是宗教文化，而實際目的卻是自由和民主，如此的巨大的進步，事實上在延續自義，在繼續一項偉大的事業，把身體當箭靶，勇氣作抵押，生命作代價，大膽毅然、以不歸之勢進行的革命，這不但給境內外藏族人的個人和集體，特別是給下一代新生力量指明了鬥爭的目的和方向，也對鼓勵他們步入自由和民主大道留下了深刻的影響和習性。故此，這當然是我激起無限喜悅的原因。

第三節　革命的目標

革命的目標是得到自由和平等，權利和民主等人類公認的普世價值。

這不但是第一目標，也是第二、第三、第四……目標，更是最終的目標。

在幾百年前，為實現理想，我們睿智的吐蕃祖輩們騎著高頭大馬，與盟友刻苦相伴，把生命當箭靶，幸福作抵押，熱血灑地，勤奮刻苦，百折不撓才統一了吐蕃，打下了吐蕃國的萬

里高原江山，爭來了吐蕃人民長期的和平和自由。同樣，今天我們也為爭取最終的目標而揭開了歷史的序幕。

　　無論在何時何地、何種情況之下，自由和平等，權利和民主，這些美麗的詞語都不會陳舊、朽枯、窮盡、褪色和泯滅，就像沒有升落、盈虧、漲跌、生死和有無的本性一樣；這些動人的詞素都會是有道理、有意義、遍及四方適合全球每一個角落的最有價值的概念。放眼世界，沒有比這些概念更可貴的真理和準則。實現藏人最終的目標——「青青草原」，也是次此和平革命的唯一目標，這個目標不但不違背、不排斥這些概念，而且與之相符合。

　　如果與此相反，為的是宗教和文化，信仰和清淨觀，那麼這場革命的意義和價值就會因此而打折扣，時間上的持續性也會縮短。信仰和清淨觀也有變易的特性，變易的特性沒有始源沒有最終，也不可有信念變易的特性，所以，倘使說是為了這些有變易的特性，那麼就很難看到革命具有的持續性，久暫性和延續性，如同上說，也很難確定有多大的價值，威嚴和勇氣。

　　因此，藏區僧俗男女、老幼青壯都應該把「藏區土鼠年和平革命」的目標看作是為實現人類的普世價值。如是，別人能夠輕易地讀懂我們的意圖用不著浪費太多的口水去解釋；如是，藏人可能會有如願以償享受這些美好願望的時機。這些對

未來的完美構想使我喜悅無窮。

第四節　預示公理即將明瞭

「藏區土鼠年和平革命」預示，屬於藏族人民的公理一定會明瞭，藏族人民的心願一定能夠實現。也預示本人的願望也會順便成為現實。

從這個預示中，可以發現2008年是藏族歷史上一個最具歷史意義的轉折點，在以往諸多轉折點中是一次具有深遠意義和促進時代進步的轉折點。

在過去一千多年裡，藏族的好壞各種歷史都是由法和宗教，喇嘛和化身們創造的結果，如此缺乏自由而失去的千萬生命和所遭受的痛苦也是在這種文化的背景下由這些人一手製造的。就讓這些人來為吐蕃的歷史負責吧！也由這些人來嘗試歷史的惡果吧！本人為什麼向這些發起尖銳的批判、譴責、質疑，並希望根除之，也正是這個原因，看到了果才瞄準了因。

吐蕃的歷史是否發生轉折，是否發生變遷與這個文化和擁有這個文化的人有著直接的關係，其他的和周圍的都起不了大的作用。本人作為一名吐蕃文化界的文字工作人員，知道文字對吐蕃歷史起不了相對大的作用，也知道文字對吐蕃的衣食住

行幫不了特別顯著的忙，對人類歷史產生巨大作用和影響的文字是英國作家托馬斯─潘恩的《常識》等屈指可數的一小部分而已。

　　正因為如此，到底是誰創造了人類歷史是一件有爭議的話題，是一個普通的人或士夫創造的？或者是人民創造的？或者是由文化創造的？這是一個無法集中到一個點上辨識的議題。本人作為詮釋所謂「文化」的人，不管是偏私貪戀，還是思維錯亂或幻覺，都想說創造人類歷史的是文化。原因是，就此論述的自由和民主等普世價值來說，如果某個人或人民具備了自由和民主等文化素質時，就會創造出通向自由和民主的歷史道路。

　　本人在試論文化的同時以文化思想的眼光試探時，認為此次吐蕃歷史的轉折也和文化思想有著不容分割的關聯，因為某個士夫對自由和民主等普世價值具有崇高的智慧和廣聞遠見時，完全可以喚起人們的勇氣和覺悟，於是趕在了自由和民主的行列，假使與此相反，就不會有這樣的歷史。以此類推，人類歷史這個工程只能從高處、遠處加以思考之外卻無法針對某個事件來斷定，從更大的範圍和更深的角度去分析。人類歷史這部工程從來就沒有離開過文化。

　　想起吐蕃人的特殊性，自由可以分為外在的權利意義上的

自由和內在的思想意義上的自由。以此類推平等也可以有內外
之分。因為本人勇氣不足，缺乏膽量，所以不是什麼實踐貴如
金的挖掘者，而是空口說白話的散播員。過去的年代裡，我以
「老人先開口，老雞先鳴叫」式地放棄了爭取外部的政治自由
和公民自由，卻把精力集中在內部的思想自由和意識自由上，
而這些方面嘮叨的太多也許使人產生了眼煩耳倦的感覺。可就
在今天，對那些在文化的廣闊和思想的深遠，意識的深層已經
和正在掙扎、根除、起義、革命的人們製造的厭煩和憤怒，本
人不覺得是過失，更不覺得是錯誤。無論何時何地，首先在內
部思想上要提高自由和民主，權利的覺悟，這些必須要走在所
有事物的前列。我深信自由和平等，權利是基礎，所以是重要
中的重要。

　　抗爭內部權益的和平革命和抗爭外部權利的今年的這場革
命相比較，前者顯得不鮮不明、不光不彩、無精無華，可必須
要預先做好黑夜也許會更長的準備。如果有一天外部到達自由
而內部卻遠落在後時，會出現重蹈覆轍的循環局面，走不出專
制的紅圈。因此，不管何時何地，這些是不得不說的，這一點
是藏族人的社會和藏族人的心理所決定的。

　　倘如是在考慮未來更長的時間，內外的革命沒有任何的矛
盾，要是外部革命和內部革命相輔相成，展開雙翼翱翔的話，

不久的將來會到達遙遠的自由淨土。

　　內外自由融為一體時才會有一位完整的人、有骨氣的人、應有俱全的、與時俱進的人的降臨。本人時常為這麼一個人降臨藏區而祈求。

　　總之，我看見的不是「藏區會有短暫的幸福日子」[19]，而是看見了全藏區永久的幸福日子開啟的預兆。正如藏族人自己所說的那樣，這是「不幸中的萬幸」，正因為如此才以永不回歸的決心，外部實踐和內部思想兩方面開始了抗爭自由和權利的和平革命。

　　綜觀歷史，清晨旭日東升時，世間萬物開始煥發起生命的力量，藏人此次和平革命正預示著這樣的景象，這是本人極度歡欣的原因之一。另外，本人寫過的所有文字不像現在藏族人欺騙藏族人的充滿欺誑、虛假、幻覺的傳記、故事和宗教史，也不像藏族人把藏族人推向苦難深處而編排的所謂的「研究課題」和「事業項目」等隱含陰謀的動機，更不像是藏族人麻醉藏族人自己的用空虛、華麗的詞組堆砌而成的文章和作品，因此，使我激起萬般喜悅。

[19] 是《蓮花遺教》裡一句。

第二章

憂——強權鐵鏈鎖九重

　　包括自由和平等，權利和民主等的普世價值已經或正在成為當今世上所有國家和地區，民族最基本的觀點和最終目標。

　　普世價值泛指那些不分畛域，超越宗教、國家、民族，只要本於良知與理性皆認同之價值、理念，也是客觀存在的人類共同價值觀，放之四海而皆準。普世價值和人世間的永久安樂和脫離憂苦的最終目的相吻合，所以提高俗民政治覺悟和具備人文見識的人們，以個人，集體，組織，公共等方面去爭取、追逐這些價值，甚至做好一代接一代地長期鬥爭的準備。

　　用這些普世價值來衡量社會標準的制度稱之為民主制度；保護這些普世價值的政府稱之為民主政府。

　　民主政府不是只把這些普世價值「寫在紙上，掛在牆上」的，更不是玩弄「掛羊頭賣狗肉」的欺世之局，而是嚴格執行法律面前人人平等，權力屬於人民，選舉公正無私，權限分明公平，少數服從多數，多數保護少數，民族自決權等不違離民主原則，尊敬和保護人身自由、言論自由、信仰自由、集會自由、結社自由、不受貧窮的自由、不受恐怖的自由等自由權利，人的生命平等，人的地位平等，人的人格平等，財富權利平等等。民主民主說穿了也就是如此的社會制度和政治制度來維護和確保個人的權利而已。

　　世人公認的這些普世價值是人生來具有的權利，不宜相互

危害和轉讓，因此，實施民主制度的地區和國家把這些價值和
權利像保護自己的眼珠一樣地保護，那裡的人們在和平團結的
社會裡享受著自由自在的人間生活。

　　又從相對而言，治理國家政治權的人們澈悟普世價值的覺
悟，以抗爭和追尋迎來屬於自己的權利，其結果是自己的政府
和國家也走向「不是純粹是無賴制度」[1]的民主制度，民主制度
反過來確保公民的所有權利。

　　這樣的民主制度其起源於公元前的古希臘時期，從宏觀
的歷史角度來看，那僅僅是民主的種子撒在了人類賴以生存的
地球之上，未能生長開花，更沒有結果。實際上，是兩千多年
之後，經過公元17世紀，1689年英國議會通過《權利法案》，
1776年美國人發表《獨立宣言》，和1789年法國人發布《人權
宣言》等，保護個人權利的習俗才從此得以在地球的西面扎根
開花。到了二十世紀時，1948年聯合國頒布《聯合國人權宣
言》，明確制定和落實平等和權利等人的基本權利。此《宣
言》「作為所有人民和所有國家努力實現的共同標準，以期每
一個人和社會機構經常銘念本宣言，努力通過教誨和教育促進

---

[1] 丘吉爾的名言，丘吉爾（Sir Winston Leonard Spencer Churchill，1874年11月30日－1965年1月24
日），英國政治家、演說家、軍事家和作家，曾於1940年至1945年出任英國首相，並自1951年至
1955年再度出任英國首相。

對權利和自由的尊重，並通過國家的和國際的漸進措施，使這些權利和自由在各會員國本身人民及在其管轄下領土的人民中得到普遍和有效的承認和遵行。」這是頒布這個《宣言》的目的，也是要求。聚集人們的意願的普世價值的中心內容在全球普遍和有效地廣泛傳播，特別是《聯合國人權宣言》無法比擬的作用，才使人們徹底領悟了普世價值的價值，從而使全世界無數個體和生命從貧窮之苦、恐懼之苦和非時死亡之苦中解救了出來。

直到今天，人類世界中實施和遵行這些價值觀的國家只有119個，美國外交專家曼德爾鮑姆（M. Mandelbaum） 此前說過，「1900年，可以列在民主國家行列的只有10個，20世紀中期發展到了30個國家，之後的25年裡沒有發生任何變動，不過到了2005年，全世界的190多個國家中119個國家選擇了民主制度。」

上述這個數字裡還不包括2006年獨立並成為民主國家的黑山國（Montenegro）和2008年建立民主國家的科索沃，還有在封建國王的帶領下步入民主制度的，文化思想都和藏族一致的鄰國──布丹。

以上三國加在原有的國家中，目前全球上62％的國家是民主國家。因此，可以說人類步入民主制度的勢態是無可阻擋的，遵行普世價值的民主制度是一個既堅固也具有彈性的制

度，履行普世價值的民主政治制度是廣泛流行的政治制度，這些道理大家都看在眼裡說在口裡，再清楚不過的了。

總之，保護這些普世價值的宣言雖然沒有任何一個國家的法律那樣嚴厲至上，但是，這些權利具有普遍性，它是和每個人的命運攸關、與生俱來的東西，因此，也就形成了「個人權利高於國家權力」[2]的觀點，所有具有人生覺悟的個人和講道理、講因果的政府，把屬於自己的普世價值與同生命像保護眼珠一般地愛護，而且盡其所能向周圍予以推行和傳播。由此我們可以發現，普世價值在當今這個人類社會裡已經成為最基本最根本的價值。

可是，人類已經跨入二十一世紀的今天，世界上還存在鄙視、踐踏、蹂躪人權和普世價值的政府和政治組織；還有一個民族搶佔另一個民族的土地，並有意向那裡的人們實施鎮壓、同化、移民等政治手段的集權政府；表面上高舉人民民主專政的旗幟，實際上除本民族之外，對其他民族實施懲治、消滅、統治的獨裁專制的政府和政治組織也很多；特別是把國家的權力置於個人權利之上，為了國家的權力把普世價值置之度外，對要求和爭取這些權利的人們予以嚴厲打擊、甚至奉行屠殺等

---

[2] 哈維爾的話。瓦茨拉夫哈維爾（Vaclav Hvel）（1936—），是1993—2002間捷克共和國總統。

手段的政府和政治組織也隨處可見，到處可聞。

　　藏人現今恰恰處在如此被動的局勢之中。拋棄俗民政治意識千年有餘，不但沒有地域和民族、權力的意識，自由平等等普世價值的意識就更不用說了，因此落入如此的專制政權的殘酷統治之下已經過了半個多世紀。

　　總的來說，這個世界上為了地域和民主的利益而喪失千萬生命的歷史比比皆是，爭取普世價值而進行的你死我活的鬥爭歷史也不計其數。為了爭取權利和價值，很多民族經過長時間的鬥爭之後，擁有了自由的國家，目前還在為此而繼續鬥爭的民族也不下兩位數。從各民族覺醒獲取自由的政治覺悟的歷史層面去看，藏族人是覺醒最慢、認識最遲、行動最遲鈍、最落後的民族之一，與政治覺悟覺醒的比較早的個人或民族相比，藏人和藏族簡直就成了愚夫、蠢族。

　　儘管如此，這個還沒有完全成熟的民族，或者說，這個還沒能完全從自然式的人過渡到社會式的人的民族，二十一世紀初，才發覺自由和平等的意義，同時也認清權利和權力是需要有人去爭取的道理，這一點如同我在第一章裡論述過的那樣，是一件應該高興和值得去高興的事情。

　　可悲的是，藏人在佛法和宗教的夢幻般的世界裡迷迷糊糊地一直到今天才醒了過來，在已經顯得蘇醒得太遲的年代裡，

所有的一切都在僭主政治下完全處在了被動局面。面對專制暴政抗爭權力和權利時，即使不樂於也得獻出千萬條生命的代價，這是令人最悲傷、最痛苦之處。

此刻到了我們必須去瞭解前輩們不想知道的許多常識的時候了，重新定義歷史，對文化破非立是，通達政治意義，學習生活方法和能力等顯得格外重要。當前最棘手的便是通達政治意義的一部分，即瞭解極權主義和專制主義的基本情況。前輩們所稱的「貢麻」（即皇帝）和平民所稱的「貢麻倉」（即皇帝），說白了就是獨裁專制和極權專制，為了表明瞭解極權專制和獨裁專制的重要性，下面將作一點說明。

第一節　極權專制主義的特點

極權專制主義是極權主義和專制主義的合成詞，極權主義（totalitarianism）是一種現代專制政體，在此種政體下，國家籠罩於社會各個層面，包括其公民的日常生活。極權主義政府不僅要控制所有的經濟、政治事務，還竭力控制人民的意見、價值和信仰，從而消彌了國家與社會之間的一切分別。

極權主義一詞在西方學界一般用以概括德國納粹主義、蘇維埃共產主義，以及意大利法西斯主義。其最早淵源可以追溯

到二十世紀的20年代的墨索里尼，當時它是一個用來描述意大利法西斯主義綱領的中性甚至帶有褒義的詞語。二戰以後，這個術語很大程度上在冷戰的意義上被使用，從而帶有鮮明的貶義色彩。

　　極權主義國家最重要的三個共同點是：1.存在某個意識形態，它規範生活的方方面面，勾勒出達到終極目標的手段；2.需要一個唯一的群眾性政黨，以此動員人民的熱情和支持。3.實行包括思想控制在內的全面控制。

　　這個政黨一般是由一位獨裁者領導，該黨的領導層全面控制政府體系，包括警察、軍隊、通訊、經濟及教育等部門。不同聲音受到系統的壓制，而人民則生活在秘密警察的恐怖控制當中。

　　專制主義是與民主政體相對立的概念，指一個人或少數幾個人獨裁的政權組織形式，體現在總統或主席之位終身制和世襲制、指定制，其主要特徵是領導者個人的專斷獨裁，集國家最高權力於一身，從決策到行使軍政財政大權都具有獨斷性和隨意性。極權主義和專制主義合二為一才產生了極權專制主義這個概念。

　　對此，中國大學者胡適先生引用的極權主義的20個特徵是：

1. 把狹義的國家主義情緒提高到宗教狂的程度。
2. 由一個軍隊般嚴格約束的政黨來執掌國家政治權。

3. 嚴厲取締一切反對政府的意見。

4. 把超然的宗教信仰降低到國家主義的宗教之下。

5. 神化「領袖」，把領袖當作一般信仰的中心。

6. 提倡反理智反知識，諂媚和欺騙無知的民眾，嚴懲誠實的思想。

7. 毀滅書籍，曲解歷史及科學上的真理。

8. 廢除純粹尋求真理的科學與學問。

9. 以武斷代替辯論，由政黨控制新聞。

10.使人民陷入文化和信息的孤立，對外界的真實情況無從知曉。

11.由政黨統制一切藝術文化。

12.破壞政治信義，使用虛偽和偽善的手段矇蔽人民。

13.政府有計劃地實施罪惡行為。

14.鼓勵人民陷害和虐待所謂的「人民公敵」。

15.恢復野蠻的家族連坐法對待所謂的「人民公敵」。

16.準備永久的戰爭把人民軍事化。

17.不擇手段地鼓勵人口增加。

18.把勞工階級對資本主義的革命到處濫用。

19.禁止工人的罷工和抗議，摧毀一切勞工運動。

20.工農商各行各業皆受執政黨領袖統制。

　　1941年7月，胡適在美國密歇根大學發表了《民主與極權的衝突》的講演，在演說中，他引述了美國政治家馬克斯.伊斯特曼（Max Eastman）對極權主義二十個特徵的概括，並認為不管哪個政權只要具備這二十個特徵中的任何一個特徵，便具有二十分之一的極權主義本質。以上這20個特點便是那個時期世界範圍內的極權專制主義所存在的具體方式。

　　因為環境的改變和時間的推移，有些特徵發生了變化，比如「不擇手段地鼓勵人口增加」後來變成了「不擇手段地控制人口增長」，即所謂的「計劃生育政策」。總之，看來所有專制政體都具有以上這些特徵。

　　如同上述，弗裡德裡希與布熱津斯基從比較政治的角度概括出極權主義統治的六個特徵：

　　1. 人人必須遵從的官方意識形態。

　　2. 唯一的群眾性政黨。

　　3. 由政黨或秘密警察執行的恐怖統治。

　　4. 對大眾傳媒的壟斷。

　　5. 現代的人身與心理的控制技術。

　　6. 中央組織與控制整個經濟。

　　並指出只有同時具有這六個特徵，才可以用「極權主義統治」一詞來陳述。

　　以上這六個特徵我等有著深刻的體會，故不必一一解釋。那麼極權專制主義只有這些特徵嗎？不是的，關注和研究專制政治者有他們各自的分類和總結方法，比如他們在本質上「不關心長遠的目標，只顧眼前的事情；只治疼痛不治病根；報喜不報憂；歪曲事實；善於說謊；擬造之手段極高；人民利益的名義下謀取個人利益」[3]和他們「喜歡撩亂；敷衍塞責；頌揚誇讚；也喜歡諉過於人；尋找差錯，製造麻煩；任意施暴等等。」[4]所以，極權專制主義的所有特徵很難在某一項目中概括，不過本人以我等所遭受的經驗中想添加兩個特徵：1.專制統治者強行壓制每一個人；2.專制統治者消滅本族之外的其他民族。

　　根據作為一名吃墨者對極權專制主義極其深刻的感受，為了容易記住其特點將其概括為五個方面：

　　1. 一黨專制的原則。

　　2. 壓制個人的性質。

　　3. 控制言論，愚化矇蔽的政策。

　　4. 暴力統治。

　　5. 消滅異族的野心。

---

[3] 葛然朗巴・平措汪杰的《一位西藏革命者》。
[4] 班禪大師的《七萬言書》。

其一，一黨專制的原則。

即杜絕其他的黨和團體來治理政權，由某一個黨來專制政權，把一個無法拒絕、必須遵守的意識形態或者單一的理論體系作為每個人必須服從的制度和高舉的旗幟，嚴厲監控執政黨之外的其他黨和團體，並且嚴控其他的觀點，由一黨和一種主義專制所有的權力的原則。例如，黨為中心的有納粹黨，法西斯黨，共產黨；意識形態和觀點作為原則的有納粹主義，法西斯主義，馬列主義等。持這種原則者不計手段鏟除和壓制自由主義和個人主義等的觀點。

其二，壓制個人的性質。

即輕視和踐踏個人權利和利益，把具體的人當成是國家和民族、階級等抽象事物的奴隸和機器般應用的性質，這些行為表現出惟恐挑戰他們的政治權力。例如，為了中華民族、無產階級、人民、集體等付出一切代價，並一再高呼為了這些高於一切的利益即使要獻出生命也是應該的和光榮的。這種蠱惑和被迫之下個人的權利和自由被推向黑暗，並遭受肆意踐踏和輕視。

其三，控制言論，愚化矇蔽的政策。

強行剝奪人們表現思想和意識的自由，通過新聞，通告，文件等形式大量鼓吹統治者的成績和優點，封鎖外界的事情滲透和杜絕人們瞭解外面的世界，利用廣播和電視，報刊等媒體

和大眾信息來源，以虛假、擬造、歪曲等伎倆加上鋪天蓋地的宣傳來達到矇騙和愚化效果的政策。比如，社會主義、共產主義、無產階級專制政權，解放全人類等誘惑性質的空話和空想。

其四，暴力統治

統治一詞只有在專制者和專制政府裡吃香，在民主制度裡卻沒有立足之地。他們的傳統是崇拜暴力的傳統，在鬥爭哲學思想的嗾使下，依靠暴力來強行統治，人們在政治的權威下膽戰心驚，小心翼翼地過日子，凶狠毒辣的行為使人們坐立不安，不知所措。具有強調恐怖主義和國家恐怖主義並成為其範例的特徵。

其五，消滅異族的野心。

專制者把自己所屬的民族捧為優等種族，固守自己的思想觀點，並利用兵力、特務、武警等依暴力手段消滅和鏟除不是本族的其他種族，而且，文化、教育、控制生育、扶貧、挑撥等通過這些看似和平的途徑達到其分裂瓦解的目的。他們的統治野心是沒有限度的，所以，方法上或和平或暴力，時間上或長或短，形式上或明或暗，他們分裂瓦解和消滅所有的異族。例如，德國納粹主義屠殺了六百萬猶太人，日本法西斯主義屠殺了不計其數的中國漢人，蘇聯共產黨屠殺了無數個異族人，中國共產黨屠殺了上百萬藏族（僅僅藏族人就殺了120萬。噶廈

流亡政府資料。）和其他異族人，而被中國共產黨以卑鄙的伎倆同化的異族人則無從估量。

　　如上五個特點遠遠不能概括極權主義的所有特徵，本人綜合諸多學者和專家的分類，把可以合併的合在了一起，其中的三項（第一和三，四）照舊未改，並根據極權專制主義的共同特性，特別是自己的親身體驗和耳聞目睹，添加了兩項（第二和五），為了易於記憶，概括成以上五個共同的特徵並予以了解釋。

　　總之，對殺人放火無所顧忌，如閻羅王的劊子手化身一般正是極權專制主義的特徵。即使在今天──在現代社會裡也滿不在乎人類公認的普世價值，並且不知羞恥地予以最殘酷、最野蠻的踐踏，說白了其實就是統治集團的既得利益和所謂的國家權勢而已。

　　因此，人類開始步入名副其實的自由和民主道路已經有幾百年歷史，大敗極權專制主義納粹和法西斯也已經過了六十多年，特別是為了實施和尊重普世價值而公布《聯合國人權宣言》已經過了六十年，共產專制者已經簽署了《經濟、社會和文化權利國際公約》、《公民權利和政治權利的公約》、《消除一切形式歧視種族國際公約》等，可是共產專制政權卻言而無信，撕毀盟約，每年以諂、誑、詭的手段誘惑世人，一次又

一次地欺哄詐騙國際社會。

　　與此同時，二十一世紀之初，弱小無能的藏族人為了獲取世界賜給每個人的自由和平等等普世價值而開始和平運動時，原本就習慣於用暴力統治的中共政府，發動解放軍、警察、武警、安全人員、特務等統治機器並配備精良的武器，再一次在眾目睽睽之下展開屠殺、打壓、虐待和監禁等野蠻霸道的行徑。別說是親身體驗，這些野蠻行徑就是見了都使人毛骨悚然。中共政府再次積累了蒼天也難以容納的罪孽。

　　我看到的藏族人自己最近的統計是，2008年藏區和平革命期間，極權專制政府殺害了120多名藏族人，一千多藏族人至今下落不明，190多名藏族人被無辜判刑，6500多藏族人被拘押。之後又看到比這個數字更多的數字，219名藏族人被屠殺，1294名重傷，6705名被拘押，286名被判刑。以上這些可能就是大概估計的數字。這個數字和極權專制通報的逮捕了953名和判刑76人相差很大，事實上，不僅僅是這次的數據出現差錯，本來關於藏族人被屠殺的數據就有差錯。藏族人自己深信50年代極權專制政府殺害，監禁，判刑，失蹤的藏族人的數字是120萬，中國有些作家應用的中國政府的資料顯示的數字是10萬左右。很難說那一個數字是正確的，不過，以前「幾十萬藏族人死在大

牢裡，幾乎到了很難處理屍體的地步」[5]，「比較嚴重的村子裡，只會看見寥寥無幾的婦女，老人和兒童之外幾乎看不到一個男人」；[6]「粗略地估計一下，在甲木麻木[7]就殺死了20000藏族人，傑布[8]逼迫投河的人數不詳，總之幾萬藏族人被消滅了，這是眾人親眼目睹的事實。」[9]從這些數字可以發現，藏族人的數字即使不是確切的數字，也是接近的，具有可靠性。

　　極權專制政府毫無顧忌地大開殺戒，肆無忌憚地使藏區三區淪為閻王屠宰場、魔王的大牢、地域的大堂、恐怖的戰場的事實能瞞得了天卻瞞不了地。那麼，就一一來展現吧！

第二節　藏區淪為閻王屠宰場

　　他們仍然使用以前的手法，以騙術和愚化來矇蔽廣大人民。他們驅逐記者，封鎖消息來源，遮封世界人民的視綫和耳朵，把和平革命定型為「打、砸、搶、燒」的暴力犯罪活動，從而使鎮壓合法化，為開槍殺人找好藉口之後，便號召黨的

---

[5] 引自《七萬言書》——班禪喇嘛。

[6] 引自《七萬言書》——班禪喇嘛。

[7] 地名，現青海省興海縣境內。

[8] 地名，今青海省貴南縣境內。

[9] 引自夏木朵仁桑《我的故鄉與和平解放》——譯者。

打、砍、滅、壓、逼、整等的優良傳統文化，在藏區三區再一次實施了「殺光藏民」的種族滅絕政策。

從2008年3月10日開始的和平革命就像春天的鮮花一樣在藏區各地競相開放，為了自己的信仰和自由，喊口號的、舉橫幅的、進行遊行示威的，祈禱永住的，個個都勇氣十足。能看得見，聽得到，摸得著的，具有虎性獅膽的英勇兒女們，剎那間，被國家機器們、劊子手們手持長槍、短槍、機關槍、甚至用各式炸彈，仿佛獵殺野生動物，屠宰牛羊雞豬一樣，手無寸鐵的無辜公民——藏族人遭到無情的屠殺：母親失去了兒子，女兒失去了爸爸，喇嘛沒了寺院，寺院沒了和尚。所剩不多的藏族人都成了挖心開胸不知疼痛的活死人、剎那間地球坍塌乾坤倒轉都不作為奇的呆子、直打橫掃不知躲避的植物人。藏人的屍體就像是狗的死屍被扔在路邊，像羊的死屍丟在草地上，像螞蟻的死屍踩在腳下。人們常說的人身為寶物的說法此時成了純粹的謊言，地球之上最奧秘的雪域高原、千萬神秘的縮影、人稱世界上最後的淨土———藏區，突然間變成了二十一世紀閻王老爺的屠宰場，自古繁衍生息在多衛高原（是藏語，藏族稱「青藏高原」為多衛高原，譯者。）的藏族人民成了涸轍之鮒時，全球70億人竟然成了觀眾，藏人得不到任何一個國家和團體的援助，就是藏族自己尊信的護法神、天神、山神、家神、

空行母也不來相助驅邪，還有，像我等人之子們有過疑問和破非立是嗎？沒有，一個都沒有！

　　傳說中的閻王老爺的屠宰場也不會有整個藏區這麼大吧！藏族人活在人間時都要遭受閻王老爺的屠宰場一樣的恐懼和痛苦，除了自己無奈之下編造的「命運」一詞之外，還有誰能給大家解釋這是為什麼？白日沒有哀號痛哭，晝夜沒有悲泣嚎啕，藏族人有的只是死者家屬無可奈何的祈禱聲和喃喃自語。

　　這和50年前在藏區──多、衛、康三區進行的大屠殺沒有兩樣，我們將從下面的幾個具體記錄中不難發現藏區淪為閻王屠宰場的實際情況。葛然朗巴‧平措汪傑在他的自傳《一位西藏革命者》中寫道：「不但把我關進監獄裡，而且和我的問題有關係的我的妹妹圖丹汪秋監禁了14年，我的夫人澤利克受不了折磨而去世，我的孩子們也同樣遭到監禁或多年的勞動改造（大兒子平康被監禁6年），為此，我的父親果拉囊巴阿希受不了太多的痛苦和憤怒，最終非常悲慘地去世，另外我的十幾名弟兄和親戚因為和我的關係而遭到牢獄之災。我的戰友多丹等同志也被迫害致死，阿旺格桑遭受了16年的勞動改造。」

　　夏木朵仁桑先生的連續回憶錄《我的故鄉與傾聽》裡雅培叔叔說：「……當我從勞改回家時，我的大哥李本秀，二哥豆

拉，三哥桑結加布，妹妹周吉，甲姆吉等，他們都在貴南縣[10]勞改局死亡，還有我的兄弟格巴在傑布（地名，同上）王庫爾[11]部落集中屠殺時被殺害，只剩下我的母親和妹妹拉姆太。」以上這些例子就足以說明藏區淪為閻王屠宰場的情景。正如一盞燈能照亮千年暗夜，窺一斑而知全豹一般，從一個實例就可以瞭解整個藏區的情況，藏區的每一個藏人都經歷過一段黑暗的日子，而這些黑暗的日子就是極權專制者在地球的最後一塊淨土上一手製造的恐怖行徑和種下的禍根。

第三節　藏區淪為魔王的大牢

藏區是如何淪為魔王大牢的？千萬名無辜藏族人就像牲口一樣被成群地趕過來鎖在監獄裡，監獄滿了再也擠不下就圈在學校教室裡。學校原本是培養祖國未來的教育基地，當鎮壓藏族人時，藏區的學校卻變成了拘押藏族人的拘留所、牢房。這個世界上唯獨極權專制政府才能做的出如此荒唐的事來。

手銬和腳鐐都用光了，就運來一捆捆鐵絲把藏族人的手

---

[10] 是青海省海南藏族自治州的五個縣中一縣。

[11] 部落名，在青海省貴南縣境內。

腳都捆綁住，凡是抓來監禁的藏族人不准穿鞋子，不准系鞋帶和褲帶，然後被黑色布袋套在頭上，一個一個地拉出去被七八條大漢用橡膠棒，木棍，電棒等猛打猛砸直到不能動彈方可罷休。只有落入十八層地獄者才會遭受的皮肉之苦，在中國政府的大牢裡樣樣俱全。有句話叫做草菅人命，而在中國人民解放軍和武警眼裡，藏族人的命連雜草都不如。人們經常用來形容毒打程度的「打的死去活來、天昏地暗」等在這裡什麼都算不上，中共的機器式的打手們對注重繁衍生息的俗人專打生殖器和陰部，對注重清淨的和尚尼姑們專找要害處往死裡打，沒有被活活打死就算命大。

「……這些武器是專門為了殺你們藏族人而製造的，不信你再往前邁一步，我就開槍斃了你，打死你後把屍體扔進垃圾堆裡沒人管，你知道嗎？……」[12]我們可以想像得到當武警官兵咆哮時仇恨的眼神和恐怖的表情。扒光袈裟、雙手反捆，頭朝地雙腳倒懸吊起來以後，審訊他的武警踩著一位和尚的額頭邊打邊問的情景，只能在揭露法西斯和納粹罪行的電影和錄像中方能看到一樣的鏡頭。

2008年和平革命後被拘留多時的青海省藏語電視臺編

[12] 美國之音播放的拉蔔楞寺院的和尚晉美的錄像帶中的話，拉蔔楞寺院在甘肅省夏河縣境內。

輯、著名職業歌手加羊吉在她的審訊日誌《虐待之過程》中寫道：「……拘留期間漢族嫌疑犯可以閱讀寫字，而藏族嫌疑犯是不可以的。……」「拘留期間只允許說漢語，不准說藏語，……自己的語言文字不准用，不准提及和藏族有關的問題，……。」「……使人無法抗拒和忍受，最容易使你的精神奔潰的手段可能就是不讓你睡覺，直到你完全崩潰、糊塗、失去意識才讓你睡覺。鞭打、腳踢、辱罵等還可以忍受，而不讓睡覺可能就是最恐怖、最有效的、最不能忍受的虐待手段之一。」

　　「最不能容忍的痛苦不是對肉體上的懲罰，而是對意識的侵略。」[13]「……甚至，在一次審訊中我突然想到，遭受如此的折磨還不如一槍斃了的好，家人會因此很痛苦的，但對於我疼痛只需受一次。」[14]無情的折磨使人想起生不如死的念頭，正是如此難以容忍的虐待和折磨使具有贊普勇氣的英雄藏族兒女也霎時間變得智窮破敗，甚至很多人失去了延續其生命的信心和能力。還有為了實現所有被監禁的藏族人全部淪為餓鬼的陰謀——不給吃喝使人們到了生死邊緣，餓還能仍受一點，受不了口渴「不得不喝六十多人的尿。」[15]

[13] 引自鐵讓的《血書》。
[14] 引自加羊吉的《虐待之過程》。
[15] 引自《贊普之勇氣》第一本。

今天，中共用饑渴來達到徹底消滅的毫無人情的虐待方法和從前的伎倆如出一轍。不計其數的人死於饑餓，人世間還活著的「人民遭受極度難忍的饑餓，以前在藏區馬牛羊的食物油枯渣滓和糠秕等都成了難得的食物，食堂主任為了眼飽和避免饑餓之苦，能吃的草和草根就不用說了，不能吃的樹皮和樹葉，野草野果等菜來後摻合在僅有的一點食物中如同豬食般讓饑餓難忍的人們充饑，即使這樣還是有限度，沒有能吃飽的量。」[16]如此饑餓和痛苦下監獄裡人們長處「尾巴」[17]。比這個更驚人的事情是，比如，「58年大饑荒時我是四類分子，每天需要去背屍體，有一天，我的一位朋友請求我去背屍體返回時能否帶一點人肉給他。幾天了都沒有得到人肉，因為每天搬運的屍體都是餓死的，所以，除了皮子和骨頭沒有肉可取，終於有一天遇到一個有一點肉的屍體，於是我就帶回一點人肉交給了他，第二天我的那位朋友告訴我，昨天你帶來的那點人肉和一塊柳樹枝一起熬了湯，喝了人肉湯後，昨晚一夜我都沒有醒來，總算睡了一次好覺。」[18]正如「很多犯人忍受不了饑餓在死

[16] 引自班禪大師的《七萬言書》。
[17] 引自才仁東珠的《狂風呼嘯》。
[18] 引自《贊普之勇氣》第一本。

去的同胞身上割肉充饑」[19]一樣方佛再次到了吃同胞之肉的年代一樣。

在過去的藏族歷史中，別說是吃人肉喝人尿的事，就連餓死的事情都從來沒有在史書上看見過或在前輩口中聽到過，而就在現代社會裡卻反覆出現，如此駭人聽聞的驚人事件被製造了出來，這恰恰是自稱「為人民服務」的服務員們有意創造的「功績」。

第四節　藏區淪為地獄的大堂

藏區又如何淪為地獄大堂的呢？極權專制者從開始到今天，把有名望的、有智慧的、有能力的、有膽識的、有勇氣的、有遠見的藏族人都以莫須有的罪名，一批一批地投入大牢，剝奪了他們的基本權利。第十世班禪喇嘛在《七萬言書》裡寫道：「就拿西藏自治區來說吧！那是從舊到新，從黑暗到光明，從苦難到幸福，從剝削到平等，從貧窮到發展的大變化，在西藏歷史上是光芒燦爛的新時代的開始……」等等。可是就算你再獻媚，再合作，也一樣把你逮捕後關在大牢裡九年有餘，如同是班禪喇嘛，無數個藏族精英被非法逮捕，投入大

---

[19] 引自夏木朵仁桑的《我的故鄉與和平解放》。

牢，直到體弱智衰，甚至到死。

今年的和平革命中，根據網上看到的消息，到今天為止已經有二百多人被逮捕，被逮捕的這些人僅僅是違犯了專制者為了統治而制定的法規而已，從另一個角度來講，也僅僅是統治者在繼續其與公理背道而馳的行徑再一次展現在了世人面前而已。專制主義者為了使自己的統治地位穩定有序，不時地頒布和普世價值相違背的各種各樣的法律條款，和他們的生命息息相關的這些法律條款恰恰成了嚮往自由、平等、民主的人們的地獄法典。

他們對和平革命中逮捕的藏人予以最殘忍的拷打和恐嚇的同時，會逼供什麼組織？有什麼計劃？背後有誰？組織成員在那裡等？當嚴刑逼供沒有結果，到了一無所獲的難堪地步時，為了達到欺上瞞下的效果，他們往往引用地獄法典裡的某某一條來加害和誣陷無罪的人們，然後是秘密審判來定罪。而罪名從前到今只有「分裂國家罪」、「顛覆國家政治罪」、「洩露國家秘密罪」等。對於他們而言，國家和國家權力總是最敏感而且是生命一樣的寶貴，如果他們把誰定為違背了國家或者是國家權力，這個人就必定要遭受幾年到致死的監禁和虐待，他們的這些動作是為了鞏固他們自己的地位和權力，同時也為了達到殺雞儆猴、懲一儆百的特效而上演的。

　　極權專制者往往把各自的黨或組織的利益套上國家和國家權力的外衣，然後打著國家和國家權力的旗幟來達到其控制人民的目的。就如同是中國專制政府對今年的和平革命所定性為「不是民族問題，也不是宗教問題，更不是個人權利問題，而是涉及國家權力的問題」。這樣的定性就意味著即使把六百萬藏族人民一個不剩地殺光也是合乎他們自己制定的法規和邏輯的。如果栽誣某某對立於以權力為主的他們的統治原則，那麼這就叫做政治犯，損害了國家和國家權力，其實這些都是找來的藉口，他們實際上是在擔心傷害專制者自己的利益罷了。

　　專制國家有許多其他國家裡所沒有的甚是怪異的罪行，比如，所謂的政治犯從優雅無知的5歲小孩到81歲的臨死老人，1994年，當時只有5歲的第十一世班禪喇嘛軟禁後失蹤，今年的和平革命期間把81歲高齡的藏族老人班覺鬧布判處7年重刑。剝奪年輕人享受自由和人生的權利就不用說了，就連臨近死亡的八旬老人都不會放過，如此不講道理，不顧因果，不符合人道思想和人文道德的怪事除了專制政府還能在那裡找得到呢？

　　世界上年紀最小的政治犯在藏區，世界上年紀最大的政治犯也在藏區。因為藏族人不是人所以就要背負如此的重刑重負？藏族人的頭是鐵打的所以就要遭受如此多個無中生有的罪名？

第五節　藏區淪為恐怖戰場

自從發生和平革命運動，專制政府在藏區的所有大街小巷、橋頭街口都築起戰壕，部署了大炮，架起了機關槍，氣勢洶洶，殺氣騰騰，真有那種大敵臨近，一觸即發的開戰前的緊張氣氛。

寺院和村莊到處都是全副武裝的警察、武警和「地下工作者」，各處都冷冷清清，使人戰戰兢兢、恐慌不安。

街道上，房頂上，荷槍實彈、瞄準就緒的狙擊手晃動著槍口尋找目標，使人惶惶然，悚悚然，不寒而栗。

旅遊觀光者，朝聖求佛者必須老老實實地在槍口下接受全副武裝的軍警的搜身、詢問、登記，冷颼颼，涼絲絲，在電影裡才能看得到的鏡頭，當發生在自己身上時，不服卻無奈。

大多數和尚被放逐到村鎮，所有凡俗之子被強迫呆在家裡不准外出，信件被偷看，電話被竊聽，電子郵件被攔截，茶館和酒吧裡有便衣警察在監視，遠近一切在嚴控下癱瘓，藏族人確實跌入了不知所措，無可奈何的深淵。

紅色官兵們白天像豺狼般東奔西竄，夜間像盜匪般四處窺探竄移。對寺院的神廟和經堂、村鎮的房屋和人家一次又一

次地搞突然襲擊，翻箱倒櫃，搜查藏族人的全身上下，搜尋尊者的佛像、「武器」，順便尋找金錢，尋找財富；一旦發現尊者的佛像，砸在地上，踩在腳下，還污衊尊者是「人面獸心的披著袈裟的狼」，既有瘋相也有傻相（有頭卻沒有頭腦的紅色官兵們被注入了太多的所謂的「祖國」和「中華大一統」的毒汁愚液，變成了瘋瘋癲癲神志不清的殘疾人，這大可不必驚奇）；在地祇廟堂裡看見護法神的神器時，稱這是「私藏武器」的鐵證。所作所為都不是正常人的行為，傻氣俱全，蠢相十足。

強詞奪理，生搬硬套是他們的特色；值錢的搶，不值錢的偷，灶頭上半生不熟的包子也端走是他們的風格；和盜匪同流合污是他們的本性。

正因為對藏人的這些政策，即使在漢地你是藏族人就不會有旅館和賓館敢接納入住，於是藏族人沒有了住旅館和賓館的權利，這一點也許不僅僅是政府下文要求嚴格登記凡是藏族住店者，因為政府只是要求「嚴格登記」卻沒有說不要登記。還有，在機場如果你的民族是藏族就會有特殊的「招待」，當檢票員看過你的護照並要求你稍等片刻後，就豎起「兩個指頭」來傳達暗號，這時就會有「領導」前來接你到「裡邊問話」，之後就是特別的檢查，這個檢查是特意的也是故意的，帶到飛機上的手提包就不用說了，全身上下，裡裡外外，脫鞋，脫襪

子，摘帽子，甚至要求脫褲子檢查。

　　自從2008年和平革命運動之後，中國政府下令取消了在藏區辦理護照，實施「新的不辦，舊的不續」的政策。一段時間裡出租車都不拉藏族人。我不知道這叫不叫民族仇恨？

　　在中國政府的歪曲和妖魔化宣傳下，漢族人對藏族人的態度是仇恨，猜疑和恐懼。總之，中國政府鋪天蓋地的宣傳攻勢把藏族人妖魔化、醜化成恐怖分子，是恩將仇報、忘恩負義的低等民族。如此的宣傳下，幼兒園裡不懂事的藏族小孩都成了攻擊對象。

　　實際上，這不是藏區第一次淪為恐怖戰場，自從專制政權侵佔藏區以後，沒完沒了的一次次運動中打壓、鬥爭、逮捕、拘留、判刑、集中屠殺等肆意的殺戮和虐待使藏族人不敢動、不敢說、不敢想，一個個像是行屍走肉。

　　在回顧50年前所發生在藏區的一幕幕違背人道的事件中，從這些栩栩如生的描述中不難看出其黑暗的一面，「……十幾天之後，傑布森林裡戰鬥時擊斃的屍體以及未能逃跑的老人和小孩，還有傷員滿山遍地，整個山、草灘和溝都被擺滿了，還沒有斷氣的傷員在屍體中呻吟，小孩還爬在母親的屍體上吃

奶，到處都是可怕的驚天動地的景象」[20]。一位親身經歷過的人在講述被命名為所謂的「叛亂」中抓獲的人們在帶到地獄般的監獄途中所遭受的折磨時講道：「……第二天，把我們捆綁在卡車的車廂上，兩腳不著地，一直到恰卜恰[21]的150多公里路都是這樣過來的」[22]。「……是經過貴德[23]來的，到貴德的路上就在我們的卡車裡死了三個人，卡車停都不停一下就把死人屍體從車上扔了下去。」[24]別說是人，就算是一隻狗死了都不會這樣的。

　　路途中幸存未死，可是到了監獄裡，經過饑餓加上體罰和毆打，沒有幾個人能活著回到家。比如毆打和恐怖的鏡頭是「……勞改裡有很多殘疾人，有的腿殘疾不能伸直，有的手殘疾不能伸直，而看守監獄的士兵說是要把彎曲的腿和手拉直，把繩子拴在殘廢的手和腳上，幾個士兵用力一拉，疼痛難忍好多人就會當場死亡」[25]。

　　還有，一位老太太講「她的右大腿被子彈打穿，不能站立行走，可還是難免批鬥，他們把我放在擔架上運到會場後再進

[20] 引自夏木朵仁桑的《我的故鄉與和平解放》。
[21] 是地名，是青海省海南藏族自治州州府所在地。
[22] 引自夏木朵仁桑的《我的故鄉和聆聽》。
[23] 是地名，青海省貴德縣。
[24] 引自夏木朵仁桑的《我的故鄉和聆聽》。
[25] 引自夏木朵仁桑的《我的故鄉與和平解放》。

行批鬥」[26]。「除非你實在是一點都不能動或者發臭難聞」[27]時才免你批鬥的。」

還有，「嘎丹和尚把已故母親的骨頭保存著，可能是為了有朝一日能夠下葬吧！，可是當民兵們發現後，民兵們把他母親的骨頭塞在嘎丹的嘴裡後還說「你是不是想吃才保存的，不然保存它有屁用，」[28]就這樣打了不算還侮辱」。

從以上這些描述就可以瞭解當時的藏區就根本不存在什麼人權、尊嚴、人道等最最根本的權利，而是純粹的恐怖戰場。

別說是看，光是聽那些暴行都使人毛髮豎立、不寒而栗。天地難容的暴行下，在大牢裡死亡的情景是「死亡的屍體每天由喇嘛們背著去扔到不遠處的一條較深的山溝裡，四處的屍體都背到那兒的，所以就像現今城市的垃圾一樣堆著，平均每天每個隊有四至五人死亡，一共有20個隊，有一天山溝裡扔滿了屍體，於是用推土機從另一邊挖土來蓋著後就變成了一個小平地，而挖過土的地方是一個深而寬的大坑，兩三天後這個大坑又被屍體填滿了，然後又在旁邊挖坑填土，這個坑又扔滿了屍體，就這樣我親眼看見的就有15個大坑，每個坑裡至少有300具

---

[26] 引自夏木朵仁桑的《我的故鄉與和平解放》。

[27] 引自才仁東珠的《狂風呼嘯》。

[28] 引自夏木朵仁桑的《我的故鄉和聆聽》。

屍體」[29]。

　　沒有比這個更恐怖更殘忍的事情。就說武器吧，考慮到人道主義的一面，國際社會禁止有些武器不准在任何一個戰場上使用，比如是達姆彈（Dum Dums）[30]和化學武器。可是中國專制政府在侵佔過程中，使藏區成為恐怖戰場時，卻使用了這些被禁止的武器，從以下描述就可以找到他們使用和試驗這種武器的罪證，所謂的「叛亂」年代裡，「這種子彈被擊準時，入彈處只有一個小小的洞，而在子彈的出口打出一個比碗口還要大的大口」[31]。以及「有一次，不知道是過分的饑渴還是因為被滿山滿地蓋來的化學煙霧，人和家畜都突然變得迷迷糊糊神志不清的狀態，有的人說是作戰時放射的一種化學毒氣所造成」[32]等等。以上描述可以斷定，他們竟敢使用國際上被禁止的彈藥和化學毒品，使藏區淪為恐怖戰場，而今天還沒有人敢出來爭辯？

[29] 引自夏木朵仁桑的《我的故鄉與和平解放》。

[30] 達姆彈是一種殺傷力非常高的子彈。子彈本身的大小只有成年人的一節指頭，但所造成的傷口可以有半隻手板的大小。因由印度加爾各答附近一個叫達姆達姆的地方兵工廠生產而得名。達姆彈造成的創傷是觸目驚心的，往往一顆子彈就會造成所有內臟全部粉碎。所以自從1899年，國際公約禁止在戰爭中使用這隻子彈。

[31] 引自夏木朵仁桑的《我的故鄉與和平解放》。

[32] 引自夏木朵仁桑的《我的故鄉與和平解放》。──譯者。

以上例子中，我們就會發現極權專制政府才是名副其實的恐怖分子。向人們以暴力、鎮壓、欺騙，玄虛、愚化、暴行和消滅的目的予以危害、蹂躪、折磨、虐待的同時恐嚇、逼迫，使人置之於半死不活的境地，這樣的恐怖分子應該不在人類賴以生存的這個地球上才對，或許這便是地球上僅存的恐怖主義。

只要極權專制政府一天存在於這個世界上，恐怖活動也就不會消失。

特別是，控制普通藏族人的身體，控制上流藏族人的言論，控制新一代藏族人的精神意識的恐怖主義和國家恐怖主義行徑，直到今天已經整整實施了半個多世紀，這早已成為中國極權專制政府的「具有中共特色」的「不可分割的一部分」。

隨後，他們會拿著一包茶葉，一袋麵粉，兩張「大團結」（二百塊人民幣），扮演出一幅非常慈悲的樣子，到各村的「五保戶」人家扶貧，救濟，送溫暖。在過去的半個世紀裡，這種愚弄人的把戲天天演，年年演，專制者的葫蘆裡的藥藏族人早已看在眼裡，記在心裡，今天，藏族人固有的勇氣已經重新燃燒，統一的決心已經下定，以前未能使藏族人屈服，今後就更加不會屈服。

總之，本人擔憂有兩個原因，第一，從古到今，藏族人對自由，民主和平等等普世價值沒有全面的認識，缺乏普世價

值作為根基和基礎的文化觀點、文化思想、文化意識和文化經驗。只有佛和菩提心的觀點，卻沒有陽世三間人的觀點；只有眾生的思想，卻沒有種族血緣的思想；只有大千世界的意識，卻沒有地域家域的意識；只有皈依稽首的經驗，卻沒有自由平等的經驗；只有皇上皇帝的概念，卻沒有權利價值的概念；只有神教鬼教的認同，卻沒有人道政事的認同。綜上所述，形成了有的皆有而沒有的皆沒有的局面。有的皆有和沒有的皆沒有成了正好相反才承受了如此的結果。這也是最擔憂的原因之一。

　　第二，以上這些與世界潮流正好相反的文化思維所產生的報應是，極權專制主義依靠一黨一制的原則，強壓個人的性質，禁言愚民的政策，暴力統治的特色，消滅異族的野心使藏區淪為閻王屠宰場、魔王的大牢、地獄大堂、恐怖的戰場，然而這並非是第一次。半個多世紀裡

　　　「……我有什麼

　　　至少

　　　連過一點自由生活的權利都沒有」

　　　「如同想殺某人或者想逮捕某人般地監視

　　　對沒有自由的我們什麼都可以做」

　　　「……我們沒有機會繼續活下去」

　　「沒有自由和平等可言的我們

　　可謂是「地獄裡的藏族人」[33]。

　　正如詩歌中所言，把全部藏區刻意改造成地獄，把藏族
人消滅殆盡的屠殺行徑，百人入獄十人幸存的監禁虐待，不依
法律依臆斷判刑的「特色制度」，讓藏族人經受吃人肉喝人尿
的惡鬼憂苦，如此的諸如地獄活現人間的行徑今天還在藏區橫
行，這就是擔憂的原因之二。

---

[33] 引自詩人雲─冷珠的《地獄裡的藏族人》。

第三章

懼——公私極端墮九層

　　就這樣，藏人對國家意識、俗民政治意識、民族意識等逐漸趨向淡化，甚至消失了，取而代之的便是菩提心，眾生，陽間皆有，皈依稽首，皇上皇帝，空性無我，慈悲憐憫，神靈鬼魂等的意識。對這些意識以聞、思、修和講、辯、著作來鑽研苦讀了幾百年之後，當一朝突然驚醒，睜開世俗的眼睛時，展現在眼前的是父輩們留下的土地已經四分五裂，壯麗的山河被蹂躪，自己的同族兄弟姐妹被殺被姦，一個具有幾千年悠久歷史的民族正在步入衰敗沒落的悲慘景象。不過，值得一提的是，本該屬於自己的地域和權利的意識開始顯現出覺醒的兆頭，特別是找到了民族的意識並具有了地域的概念，自己主宰自己命運的信念已經起航。

　　今天在世界上，獨立自主的國家越來越多了，這是因為人權高於主權和國家權力的普世價值的覺悟在不斷上進的緣故，所有的民族對地域，權利和民族的意識在逐漸發展成公理的緣故。從一個普通的民族變成一個獨立自主的國家，這已經被公認為是政治權利的自然本性。就如同是世界上所有的專制制度都不可避免地已經或正在或未來將步入民主制度一樣，民主制度將解決民族問題，這也是不可避免的事實，也是目前發現並成功應用的解決種族問題的唯一可行性方法。

　　本人看來，這有兩個方面的因素，其一是國際上多數國家

簽署了國際性的章程和決議案、公告、公約等民族自決的協議文件；其二是民主國家和民主政府按照民族自決的方式來解決所存在的民族問題。

　　具體而言，其一是，民族自決淵源於人生來就平等的價值觀點，人權屬於天，以及權力屬於人民等，再往上推便是啟蒙運動。無上最勝的諸多思想行為下才使人們有了自由，平等，人權等的觀念，同時也擁有了自由和幸福。民族自決權不但包括了生存權，自由權，財產權，尊重權，援助權，公平權和發展權等在內的人權的組成部分，而且是民主政治的構成部分。因此，《聯合國憲章》（1945年6月26日）第五十五條裡「……以尊重人民平等權及自決原則為根據……」，以及在第七十三條裡「……按各領土及其人民特殊之環境、及其進化之階段，發展自治；對給該人民之政治願望，予以適當之注意；並助其自由政治制度之逐漸發展……」在第七十六條裡「……增進托管領土居民之政治、經濟、社會及教育之進展；並以合適各領土及其人民之特殊情形及關係人民自由表示之願望為原則，且按照各托管協定之條款，增進其趨向自治或獨立之逐漸發展……」等。以及《給予殖民地國家和人民獨立宣言》（1960年12月14日）裡闡明，「所有的人民都有自決權；依據這個權利，他們自由地決定他們的政治地位，自由地發展他們的經

濟，社會和文化。」在這個宣言裡還要求「……依照這些領地的人民自由地表示的意示和願望，不分種族、信仰或膚色，無條件地和無保留地將所有權力移交給他們，使他們能享受完全的獨立和自由」。

　　《國際法原則之宣言》（1970年）七個原則中的第五個原則便是「民族自決原則」。以及在《關於天然資源之永久主權宣言》裡闡明「各國必須根據主權平等原則，互相尊重，以促進各民族及各國族自由有利行使其對天然資源之主權」。並闡明「侵犯各民族及各國族對其財富與資源之主權，即系違反聯合國憲章之精神與原則，且妨礙國際合作之發展與和平之維持」。而且在《公民權利和政治權利國際公約》（1966年12月16日）的第一部分的第一條是「所有人民都有自決權。他們憑這種權利自由決定他們的政治地位，並自由謀求他們的經濟、社會和文化的發展。……。本公約締約各國，包括那些負責管理非自治領土和托管領土的國家，應在符合聯合國憲章規定的條件下，促進自決權的實現，並尊重這種權利」。還在《經濟、社會和文化權利國際公約》（1966年12月16日）的第一部分的第一條裡一樣寫著「所有人民都有自決權。他們憑這種權利自由決定他們的政治地位，並自由謀取他們的經濟、社會和文化的發展」。還有在1952年聯合國通過的《關於人民與民族

自決權的決議》，要求聯合國各成員國「支持一切人民和民族
的自決原則」，「人民和民族應先享有自決權，然後才能保障
充分享有一切基本人權」。（聯合國的憲章和決議，公告，公
約是法律的依據而不是法律。）

　　其二是，就在這幾年裡，很多民主地區和國家對自己管轄
內的民族的權利依照聯合國憲章、決議、宣言、公約裡要求規
定的民族自決權的原則和精神予以了解決，比如，2006年，以
民主自主選舉獨立的黑山國，黑山民族為主的民族和人權依照
聯合國憲章的原則和精神得到了解決；2008年，以民主自主選
舉獨立的科索沃國家，埃巴尼亞民族為主的民族和人權依照聯
合國憲章的原則和精神得到了解決。如同此例，除了獨立民族
權利，根據民主精神予以其政治上的自治的也很多，例如，當
法國考斯卡島的居民對繼續留在法國或者獨立建國一事進行自
主選舉時，超過80%的居民要求繼續留在法國，所以法國政府予
以考斯卡島高度政治自主權；1921年，當愛爾蘭的獨立建國要
求得到英國的同意時，愛爾蘭政府和英國政府共同決定給予北
愛爾蘭選擇英國和愛爾蘭的自決權，之後的自主選舉的結果是
北愛爾蘭人民選擇了英國，卻成了英國的一部分。還有上世紀
70年代獲得自治的西班牙的巴斯科巴，80年代獲得自治的加拿
大的魁北克人。以上這些都是依靠民主自決權的權利獲得完全

自治的歷史依據。

對於人民和民族的權利，民主國家和民主政府都是依靠民主方法和和平方式來已經解決和正在解決。享受自由和民主的國家裡把人民和民族、個人的權利寫成文稿並批准成為法律，並且說到了做也到了，把這些議案確實落到了實處，尊重和履行了這些法律條款。正因為普世價值未落入垃圾堆而被視為原則，當權集團再不高興再不同意也不可能步入恐怖之道。當科索沃宣布從塞爾維亞獨立時，塞爾維亞政府的反應是，「塞爾維亞共和國不是永遠地放棄了對科索沃的主權，……不過，我們決不會以武力來制止科索沃獨立」。

第一節　想起專制主義政權的殘暴而恐懼

不過，極權專制主義政府往往在口頭上接受並簽署了尊重人民、民族和個人權利的有關國際性文件（中國政府簽署了以上諸多聯合國頒布的國際憲章和公約，2004年修憲時中國的《憲法》裡寫入了「國家將保障和尊重個人權利」一句），實際上則說話不算數，剛剛簽過字，轉過頭來盡做一些違約的事，比如中國政府肆意踐踏人民和民族、個人權利的行徑我等有極深的體會。

是否尊重人民、民族和個人的願望是衡量民主和專制的最大

區別，如今這個時代裡，人類可否享受到和平的根本原因也正在於此。

　　作一番比較而言，與一個思想狹小不開闊，觀點落後且極度保守，行為暴躁又凶狠，欲望勝於虎，我執似豺狼，脾氣賽過毛驢，懷恨齊於狗，貪心大於豬，狡詐如狐狸，既不講道理有不信因果，無恥無愧，言行不一的「兄弟」同住在一個家裡度過一生的話，即使擁有一樣的文化和宗教，其他兄弟有沒有「和諧」地一起生活的可能？更何況，藏族人從古時起就有一種「蕃於蕃國受安，漢亦漢國受樂」[1]的獨立心理。就在今天，西藏仍然符合《關於國家權利和義務的蒙得維的亞公約》中作為一個國家必須擁有的條件，即領土、人口、政府、和跟其它國家建立關係等4項，因此，藏人非常清楚地認識到無法接受中共專制才進行了革命，這種革命據依充分的理由。

---

[1] 此句是刻在《唐蕃會盟碑》陰側的藏文碑文中的一句。而中文碑文是：「今社稷山川如一，為此大和。然甥舅相好之義，善信每須傳達，彼此驛騎，一任長相往來，依循舊路，蕃漢並於將軍穀交馬其綏戎柵以東，大唐祇；清水縣以西，大蕃供應。須合甥舅親近之禮，使其兩界烟塵不揚，同開寇盜之名，後無驚恐之患。封人撤備，鄉土俱安，如斯樂之恩，垂諸萬代，稱美之聲，遍於日月所照矣。」《唐蕃會盟碑》是公元821年，第八代贊普赤熱巴巾派使臣論納羅向唐請盟，當年9月會盟於長安西郊。公元822年在拉薩設盟臺，吐蕃最高僧官本參布參加會盟並誦誓約。公元823年立碑，唐朝使臣太僕寺少卿杜載等參加落成典禮。此碑高342厘米，寬82厘米，厚32厘米。碑陽及兩側以漢藏兩種文字刻載著盟誓全文，以及唐蕃會盟使臣的姓名、職位。碑陰以藏文刻載著唐蕃友好關係史及長慶元年在長安、二年在邏些（拉薩）兩地盟誓的意義。──譯者。

　　為此，今年的和平革命期間為了各自的自由和權利而進行了英勇的抗議和起義，是長期高壓太高，暴行太暴，痛苦太苦所被迫的自然現象，革命時期出現了零星的「打、砸、搶、燒」的現象也是不可否認的實際情況。今年所謂的「打、砸、搶、燒」現象的起因和導火索與1989年在藏區首府拉薩發生的中國政府稱之為「拉薩騷亂」期間一樣，是專制統治者自己製造的，除此之外別無他人，至於暴力行為是否是專制統治者的陰謀和策略，還沒有從他們人口裡聽到過，也沒有看到過與之相關的外洩絕密的文件。不過，蓄意破壞作亂，以有為無，一是為非，顛倒歪曲，自導自演的罪魁禍首，就像以前一樣仍然是專制統治者自己，這一點外國新聞媒體以真實的鏡頭和實況錄像予以了大量的報導，這是鐵一般的證據。在鐵讓（是筆名，真名是扎西若登，西北民族大學學生，2011年以「顛覆國家政治權罪」判刑四年。──譯者）先生特別為2008年藏區和平革命專著的《血書》中，從四個方面證明了中國政府自導自演的土匪風格和流氓行徑，但是，對於熟習欺詐，習慣弄假並成為其傳統的專制統治者，面對再多的澄清、再多的指證都不會承認錯誤，他們反而會繼續閉著眼睛造孽。在黑白不分，真假莫辨，林屏木障之處，虎鬥豹鬥，唯有藍天是證人。

　　既然尚不能吹氣充腸，以真勝邪，本人面向內部，靜下心

來，以藏族人瞭解藏族人的心理作為基礎和原因，憑良心說句公道話：事件發生一段時間之後我發現，這種「打、砸、搶、燒」的現象受到多種影響，此次革命中有起哄驚詫的現象，也有模仿的現象，所以，本人認為這是一個既沒有目的又沒有計劃的事件而已。如此渺小的事件和專制者的有計劃、有組織、有目的、有延續的「打、砸、搶、燒」相比較連萬分之一都不到，這是大家公認的事實。如果一定要相提並論，那不得不說是大「打、砸、搶、燒」和小「打、砸、搶、燒」的區別

今年的和平革命期間，個別地方確實出現了零星的「打、砸、搶、燒」的現象，這是不可否認的，不過，這是小「打、砸、搶、燒」。我這樣說有兩個方面的理由，其一是受到了起哄和模仿的影響；其二是不具備有計劃、有組織、有目的的客觀條件。打人、砸東西、搶東西、燒東西，僅僅從詞面上看也確實是「打、砸、搶、燒」的暴力行為，不論程度的大小，都一樣具備形式上的暴力性和性質上的可怕性，本人認為具有暴力恐怖特色的行為不應該蠱惑，煽動，激發，更不能從事或者支持。本人堅決反對任何形式的大小「打、砸、搶、燒、」。

毋庸置疑，今年的革命是自始至終都是和平的革命，眾所皆知，和平革命不應該以「打、砸、搶、燒」的暴力形式來表現的，小「打、砸、搶、燒」很難圓滿收場，無法和大「打、砸、

搶、燒」相比，如同是雞蛋碰石頭，其結果明擺著。

　　那麼，什麼是大「打、砸、搶、燒」呢？在過去的50年裡，打壓藏區的喇嘛、官員、貴族、紳士、僧俗男女、老幼壯年、牧民、農民、鐵匠、鞋匠、不分貴賤、不分貧富、不分有能無能、不分有勇無勇、不分有罪無罪、用大錘來砸、鞭子來抽、鐐銬來銬、子彈來斃、監禁、批鬥、餓死渴死凍死者有幾千個、幾萬個、幾十萬個、不計其數。而在今天，仍舊保持並在繼續其統治，大的壓制，小的折磨，出頭就打壓，「消滅在萌芽狀態」，全部鏟平等的有計劃，有組織，有目的的這些行徑才能稱得上大「打」；凡是藏族人都有身臨其境、耳聞目睹的親身體驗。

　　砸藏民的頭、壓民族的氣、分藏人的土地、砸宗教的吉祥物、砸寺院的三佛田、砸村鎮的財產、砸政治的中柱、砸經濟的根基、砸文化的精華的有計劃、有組織、有目的的這些行徑方能叫做大「砸」；是難以在人間可見的罪惡行徑，如同是從天而降的災難。

　　搶民族的自決權、生存權、財產權、尊重權、援助權、平等權；人身自由權、言論自由權、信仰自由權、結社自由權、搶不受貧窮的權利；不受恐嚇的權利的有計劃、有組織、有目的的這些行徑才能可謂是大「搶」；舉凡畜牲之外，沒有不知道的。

　　燒地上的物質，地下的礦產，祖先遺留的財富，特別是燒

人的內心的有計劃、有組織、有目的的這些行徑才是地道的大
「燒」；藏區已被逼迫到了山窮水盡的邊緣。

　　「打、砸、搶、燒」，這樣的名號藏族人壓根就不會起，
即使會起也有說不出口的畏懼感，本人根據他們有意所起的別
名作一番論述，專制統治者的有組織、有計劃、有目的、有延
續性的「打、砸、搶、燒」才是真正的、大的「打、砸、搶、
燒」。一切都到了無可奈何的地步才出現了小範圍的「打、砸、
搶、燒」，這不是沒有原因，這個弱小的民族在長時間裡遭受大
「打、砸、搶、燒」的遭遇，其可怕程度全世界都極其罕見。本
人算不上是大「打、砸、搶、燒」的直接受害者，但是，作為已
經和正在遭受這種痛苦的民族的成員之一，聽著、想著、感受著
大「打、砸、搶、燒」的行徑而不由地在內心裡打抖，這便是畏
懼感中的第一個──想起專制主義政權的殘暴而恐懼。

第二節　擔憂民族主義誤入極端

　　對於藏漢問題，不偏離重點以中立的態度來說，眼前的這
個藏民族和專制統治者之間的問題，應該把古時侯「蕃於蕃國
受安，漢亦漢國受樂」作為基本框架，抓緊目前這難得的大好
時機來面對和解決。今天若不按自由、平等、民主的方法來解

決，而沿襲歷代中共領導者「打砸搶燒」的強硬思想和過時的方式方法加以延續統治，再加上更加惡劣更加錯誤的強制政策來繼續污染環境、搶佔資源、大量移民、高壓政治等手段，試圖達到把生存在「最後的淨土」上的種族在「50年」裡消滅的目的，那麼，幾千年裡沒有暴力一直是和平共處的喜瑪拉雅北部，有可能成為血海屍山的人間新的恐怖戰場。

　　一方是初步對種族這個古老的概念有了新的認識，並且找到了種族意識的藏族人。藏族人沒有專制統治者般配備著精良武器和化學毒品的軍隊，但是藏族是一個富有勇氣和信仰，忍耐性極強的民族，同時也是一個勤勞勇敢的民族，而且已經對國家的意識，權勢的意識，政治意識，地域意識，民族和個人等的意識有了新的認識，同時對自由的覺悟，平等的覺悟，自我的覺悟，權利的覺悟，民主的覺悟也有了更深層的理解。隨著不斷提高普世價值的覺悟和民族意識的認同，藏族人早已不甘心繼續遭受專制和統治，欺詐和虛假，哄騙和誘惑，嚴管和鎮壓，「打砸搶燒」等紅色暴力政治。特別是藏族人富有的是為了普世價值不顧流血流汗，不顧賞官俸祿，甚至要獻出寶貴的生命都在所不辭的勇氣。

　　慈悲心和菩提心的文化思想是主流也是根基，可是為了本師釋迦牟尼和佛教，即使殺光所有教敵和邪念者都深信不會落

入地獄，這就是留有的餘地，也是一旦必要又可能選擇宗教極端的信仰者。

藏族人常說的一句話是「博[2]在期待中潰滅」，今日看來不如說「博在期待中壯大」，為了自己的心願「賴活著不如好死」的決心不移，這就是無畏的博——藏人。

而另一方是具有非常敏銳的民族主義情緒的漢民族，上百萬的軍隊，警察和安全人員，自始至今依靠暴力來執政和征服老百姓的專制政府。他們堅持自認為是真確的觀點，思想狹窄而保守，依靠暴力來統治的殘酷政策，對「槍桿子裡出政權」的暴力鬥爭思想，向來是百依百順，深信不疑，固執地把「一句謊言說一百遍會變成真理」的專制真理看成是座右銘的政府，為了使自己的統治地位更加牢固和防止意外的發生，時不時地對自己的人民採取教唆和煽風點火等手段來達到激起民族主義好勝心的目的，其結果是大多數漢族人成了今天的自高自大，目中無人的狂妄族群。

日常生活中漢人有個習慣，當和其他人見面時就會問「吃過飯了嗎？」，這如同是藏族人的「扎西德勒」和「你好？」一樣是問候語。從這些問候中不難發現他們以前遭受過極度饑

---

[2] 藏語發音，即藏區或藏族人之意，這裡是藏族人之意。

渴的困難日子，可是，自從所謂的改革開放以來，中國人民得
到了一點點分紅剩下的角角分分，溫飽問題不用發愁的昨天和
今日，就已經了不起了，容不下了，說什麼二十一世紀是中國
的世紀，50年後中國將主導世界，地球的主人是中國等口出狂
言者不少，特別是2008年藏區和平革命之後，境內外，世界各
地顯示勇敢、自尊心，民族情感的事件和運動層出不窮，進一
步使民族主義情緒推向了極端，到處都可以聽到看到「殺光藏
族人！宰了藏族人！消滅藏族人！」的極惡言詞，這些都證明
了一點，那就是藏族人的諺語「窮漢子一闊，大草原難容」的
道理。吃飽了肚子就不講道理，視真理而不見的狂妄分子們的
自大現象看看唯色的《看不見的西藏》網站上的幾個帖子就再
清楚不過了。

　　……

　　「其實，民族問題的本質是人口結構的博弈問題。解決西
藏問題的最好出路就只能通過移民。

　　第一，中央可以考慮成立西藏生產建設兵團，新疆的搞法
還是很有效的，維人這樣彪悍的民族，都被我們制服得服服帖
帖，藏人更不是對手；

　　第二，漢人畢竟是主體民族，鎮壓藏人心理上有負罪感，
還有點顧忌，回族沒有這種心理存在，可以考慮遷移寧夏的回

民到西藏，來牽制藏人，在西藏多修點伊斯蘭寺廟，要學習以夷制夷的手法，治國不在乎卑鄙，切不可有宋襄公之仁。

第三，要對藏民搞好計劃生育，控制其人口的發展。

第四，鼓勵漢藏通婚，民族同化要硬，可以考慮撤掉青川甘一部分藏族自治州，以城市化的藉口，改其為市，城市是沒有所謂自治州自治縣的。

第五，鎮壓要狠，決不手軟，不要在乎西方說三道四，中國是核強國，中國不是塞爾維亞，就算搞種族滅絕，也沒有誰敢把中國怎麼樣，其實中國已經很冤枉的背負上了種族滅絕，達賴到處造謠中國殺了100多萬藏人，中國就真的多殺點吧，湊夠120萬再說，免得覺得自己很冤。」

以上是一位普通的中國人即漢人的想法，奇怪的是這位發帖者的想法和中國專制政府的對藏政策不謀而合，其實見怪不怪，大多數漢族人的想法和這位匿名發帖者的想法是同出一轍，完全一致的，恨不得除了漢族以外的其他「55個民族」全部殺光，同化消滅掉，這些民族所擁有的土地歸為己有。

總之，藏漢問題的另一方便是把世界人民不放在眼裡，做夢都想著把整個地球吞進肚子裡的極端民族主情緒高漲的漢民族。

藏漢兩個民族是兩個完全不同的民族，所以在其歷史過程中發生過多次交戰，有戰勝的歷史也有戰敗的故事。從今天往

後數的50年裡，「每次交手的結果」藏族人敗了再敗，正可謂是一敗塗地。

回首往事，贊普[3]時代藏族人佔領過大唐首都長安的歷史在史書中有清楚的記載，然而今天，藏族人對中共的反抗，不僅是拳頭對槍炮的反抗，就從人口的比例上來看，藏族人也少不及多，藏族人口和漢族人口的比例是1：2200（按照中國政府公布的13億來計算）。如果有朝一日出現一個報復心強，以眼還眼，以牙還牙的人帶頭反擊，未必藏族人個個都不會成為噶爾赤章[4]般的人物。一旦出現這樣的局面，根據專制者以暴力戰鬥來區分勝負的原則，必定不是虎鬥豹鬥，應該是豺狼之戰或者是狗鬥狐咬吧！到時候說不定會出現魚死網破、你得不到，我拿不走的局面。那時，和諧的藏區不但不和諧，還會成為流血成河，屍首如山的恐怖戰場。

不過，當代的自由民主革命與抗爭都是以和平的方式在爭取，並不僅以武器的優劣和人口的多少決定，所以誰贏誰輸現在還很難確定。

總而言之，本人擔憂的是一旦這兩個民族都走向極端民族

---

[3] 即英勇的天子，在藏族史書中吐蕃時期的第42位贊普鄔達麻暗殺之前的時代稱之為贊普時代。

[4] 贊普時期的一位宰相，是第32代贊普松贊干布的宰相噶東贊的兒子，排行第二。「贊普」意即英勇的天子。──譯者。

主義的邪道，相互為敵，以暴還暴，有可能變成國家恐怖主義和民族恐怖主義。因此，本人作為一介熱愛和平的書生，思前想後，感到最畏懼的便是恐懼感知之二：預料到集體和個體，任何一方都有可能誤入極端民族主義的歧途。

第三節　預料自己的苦樂而恐懼

生命誠可貴，自由價更高。悠閒自在時，本人有過為自由而奮鬥的高談闊論，可是，就在今年，2008年，藏族人民揭竿而起，為了自由紅紅火火地進行和平革命時，我卻縮手縮腳，畏縮不前，沒有理睬和參與，這不是因為受到愚、歪、奸的影響，更不是為了表現自己的深奧和淵博。之後細想，我發現這有三個方面的原因：其一，是事情發生的太突然，本人沒有任何的思想準備；其二，本人在恐懼；其三，本人在擔憂會失去什麼。說到底是恐懼我自己的苦和樂。

其中之一是，說老實話，今年發生在整個藏區的大規模和平革命運動，對我而言，別說想到，就是在夢裡都沒有夢見過。不久前，我還寫過「除了個別有英雄氣質的人之外，大多數藏族人仍然不知道所謂自由和平等是啥東西，總認為能吃飽穿暖便是自由和平等。即使聽說過所謂自由和平等等普世價

值，也覺得除非佛祖和喇嘛、國王和神人的恩賜和下發，自由和平等不會自己走進家門，更不會天上掉下來，也不會地上長出來，因此總是把希望寄托在某個怙主身上」等等的「闊論」。

我總認為對藏族人而言，具備自由、平等等理念的覺悟還很遙遠，所以我把從文化的深處和思想的高點播種自由覺悟的種子當作最迫切的需要，並力所能及地以自己的所知所識開展過社會問題辯論，也開展過政治辯論活動。然而，我萬萬沒有想到藏族人把爭取理當屬於個人的自由、平等、民主等權利的事宜運用在實踐中，這使我瞠目結舌，不知所措。我等雖然經常在大談覺悟、勇氣什麼的，可是當藏族人的勇氣在如此短暫的時間裡產生如此之大的效果，確實出乎我們的預料之外。

當然，也有可能藏族人民是因為無法繼續承受漫長且深重的苦難而起來反抗革命的，而並非我在文章裡所說的那樣，是由於認識了思想自由的價值，澈悟了民主的可貴而發起的和平革命。很難說清哪一個原因更與事實相吻合，不過，我倒是希望如同人們的評定那樣：無論如何這次和平革命都應該是藏族人民在認識了普世價值後產生的。

我一直認為藏族人的意識差、覺悟低。如今看來我的想法完全是錯誤的，而且太低估藏族人民接受現代意識的思想之敏銳和能力，甚至可以說，我對自己都有所懷疑。對於明事懂理

者，這是缺點也是羞愧之事，我應該對此悔過自新。

　　反過來看，我對藏族人缺乏信心，產生如此的錯覺不是沒有原因的。連年在18平方米的辦公室裡搞研究寫評論，對於社會現象和民眾在想什麼，說什麼，幹什麼都沒有一點調查和瞭解；再者，人們看過我這幾年裡所撰寫的文章之後，保守的藏族人們把我視為邪見者和叛教者，幾乎把我推倒了藏族社會的邊緣，因此，很少有人真心對待我。此類諸多緣故使我成了只能在自己的小天地裡獨來獨往的孤魂，從來沒有聽說過會出現這樣的和平革命之類的話，所以事件發生時我沒有任何這方面的準備實非得已。

　　第二是，畏懼丟失自己的生命和帶來災難。今年的和平革命進行得如火如荼的時期，專制者用暴力把參加和平革命的藏族人抓、打、捆、扣、殺、斃，用他們的話來說是藏族人「打砸搶燒」所致，這些情況我聽在耳裡，看在眼裡，想在心裡，可是我保持了不說話的姿態，不做事的形象，保持了懦夫的性格，說穿了就是一個字——懼。

　　當我看見藏人活生生忍受地獄般的痛苦時，我被嚇得目瞪口呆，驚懼失聲，聯想到悲慘的虐待之下一眨眼工夫就被致殘致死而恐懼莫名。

　　天上沒有陽光，地上沒有因果，他人沒有憐憫，自己沒有

能力，我一想到這些，就白天吃不下飯，夜裡睡不著覺。一次次看到中共專制上演的強制和侮辱藏族人的悲劇，那痛苦超過了殺父奸母之苦。每每想起專制者慘無人道的虐待方式，我就心驚肉跳，毛髮豎立。說到底也只有一個字——懼。

「拔頭髮，拔鬍鬚，拳打腳踢，搧耳光，推過去揉過來，用鑰匙打，棍棒敲，每次批鬥，被批鬥者都是鮮血滿面，全身上下傷痕累累，甚至有打斷肋骨，致殘的也不計其數」[5]。其實拳打腳踢，棍棒相加都算不上什麼，他們除了殺頭之外，曾經有過炮烙刑，用炭火燒熱銅柱，令人爬行柱上，犯人墮入火中燒死；有腦箍刑，太陽穴的部位有兩個特別的凸起，用刑時眼睛擠出來，甚至腦漿擠出為止，極為殘酷；有剖腹刑，是用利刃刺入肚腹，從胸口到小肚割開口子，掏出五臟六腑；有肉刷或梳洗刑，受過專門訓練的人用特殊的刑具一刀一刀，慢慢將身上的肉刷盡，一直到刷完最後一片肉才讓人死；有腰折刑，把人的腰折斷致殘，卻要你活著，不殺也不能死；有淩遲或千刀萬剮刑，則是指處死人時將人身上的肉一刀刀割去，使受刑人痛苦地慢慢死去；有車裂或五馬分屍刑，是將受刑人的頭與四肢分別系於五車之上，然後以五馬駕車，同時分馳，將肢體

---

[5] 引自《七萬言書》

撕裂；有夾乳刑，乃是用兩根硬木棍放在乳房上下方，木棍兩端穿有繩索，收緊時便可將乳房狠榨，乃是十分殘忍狠毒的酷刑；有木驢刑，是一種針對女性犯人的酷刑。所謂木驢，其實就是一頭用木頭做成的驢，木驢背上，豎著一根大拇指粗的尖木椿。當女犯被強行按坐下去時，那根尖木椿就直直地刺進了她的下身。而且，隨著木驢的走動，那根尖木椿也一伸一縮，直弄得女犯下身鮮血淋漓，痛得撕心裂肺，很多受此刑的女犯往往會慘死在木驢上；有剝皮刑，剝的時候由脊椎下刀，一刀把背部皮膚分成兩半，慢慢用刀分開皮膚跟肌肉，像蝴蝶展翅一樣的撕開來；有俱五刑，所謂俱五刑也叫「大卸八塊」，就是指把砍頭、刖、割手、挖眼、割耳和一，即「大卸八塊」；有烹煮，也叫「下油鍋」，把活人放進滾燙的開水裡活煮，或把活人放進滾燙的油鍋裡油煎；有宮刑，就是對男性施以閹割，割除其外生殖器，有時候只割陰莖，有時候也破壞陰囊和睪丸，女性的宮刑稱為幽閉，用木棍敲擊女性腹部以造成子宮下垂而消除女性生育能力；有刖刑，又稱荆刑，中國古代有一種酷刑，指砍去受罰者左腳、右腳或雙腳；有插針刑，此刑多用於女性，把針插進指甲縫；有活埋刑，就是把人直挺挺的埋在土裡，只露出一顆頭，然後開始凌虐；有鴆毒刑，叫人強行喝下用鴆鳥的羽毛劃過的酒，酒即含有劇毒；有木椿刑，行刑

方法在於將木椿插入犯人的肛門裡，任其死去；有鋸刑，這是一種特別的分解刑，刑具是鋸，有橫鋸和直鋸兩種；有斷椎刑，打斷脊椎骨或脛骨後慢慢死去；有灌腸刑，用銅液或鉛液等來灌死，等等。中原大地什麼樣的刑法沒有？陽間最殘忍最恨毒的刑法應有俱有。只能在書上看到的講述地獄事項的酷刑，漢族人卻很早就應用在了人世間。以上這些刑法在中國史書裡都有詳盡的描述，別說是人，就連魔鬼都想不到的這些刑法比起吐蕃時的挖眼珠，割捨頭，割耳朵，剁指頭，燙手，用生牛皮裹人，戴石帽，鞭打，放逐，煙薰等勝過百倍千倍，簡直就是天壤之別。就算這些刑法是中國古代封建時期的用刑方法，新中國早就拋棄不用，可是，既然能夠想出如此獨一無二的整人刑法，對那些被認為是犯罪分子的人就一定會產生那樣實施刑法的念頭，這種整人習俗一定留有殘餘。

　　誰敢信任，一個對史書裡閱讀時都使人魂飛魄散的殘酷刑法實施起來毫無顧忌的民族？

　　在當今的電子時代，各種用途的電子刑具樣樣俱全，尤其是在專制社會，這一點是可想而知的。並且，這些電子刑具各自具有獨特的用途和效果，其傷害程度不僅僅是皮肉，對人的神經和大腦都刺激很大。

　　人人皆知，無法無天的中國公安系統是最腐敗、最黑暗的

場所。很多藏族人夜晚在睡覺時被突然闖進來七八個蒙著臉的大漢架走後，家屬根本就得不到任何關於拘捕理由以及拘捕由誰執行的解釋，之後也無法知道被捕者被拘留何處──被抓捕的人從此就活不見人，死不見屍，如此奇怪的事情在藏區已是司空見慣。從這些方面不難想像，在逼供期間，對被抓捕的人使用了超過常人能夠承受的刑法導致死亡後，中共為了開脫罪行和銷毀證據，在沒有通知其家人的情況下就把被抓捕後打死的藏人火化或埋葬了。於是這個人就消失了，沒有人知道到底發生了什麼事。

別說是遭受無限痛苦的皮肉之苦，我這身本來就不是很健康的身體怎麼能受得了饑餓和不讓睡覺等的虐待和折磨呢？這也是我的恐懼之一。

一旦落到他們的手裡，我會不會受不了折磨而留下千古譏笑嘲諷的臭名，在痛打時因忍不住疼痛而發出呻吟和哭叫而出醜，會不會求饒求寬恕而丟臉，永遠不做專制統治者的幫手和服務員的堅定誓言也許不堪一擊，想到這些我很害怕。說到底就是一個字──懼。

只想到專制統治者的一種虐待方法就使我膽怯畏縮，這表明我是一名膽小如鼠的懦夫，還是因為我經歷的多知道的也多的緣故？這一點還無從辨別，或許恐懼就是恐懼，無須更多的

解釋吧！

　　其三，擔心自己會失去什麼的想法。如果要分類，這種顧慮應該也屬於恐懼。生為一個藏人，在這非常時期應該有所表現。作為一個日常生活中喜歡辨析是非對錯的藏族人，即使不能實際做什麼，總應該要說說自己的想法，然而我未能做到這一點。這是因為我屬於大家慣叫的「既得利益集團」的一員吧！既得利益集團從來都是只顧自己的苦樂和利益而不關心他人或者大家共同的問題，從而在某種意義上成了專制統治者的幫手。如果屬於既得利益集團的我失去唯一的生活依靠，我身後的老爹老娘、老婆孩子或許會面臨最基本的生活困難，這是作為一家之主的我需要考慮和畏懼的因素之一，因為一旦落入那種地步，在「一切向錢看」的當今中國社會裡，我的家人將成為他人的奴隸。

　　自從中共實施「經濟建設為中心」的政治性政策之後，包括藏族人在內的所有人的大腦裡只有一種想法，那就是掙錢，尤其是像我等拴在飯碗上的工薪階層的「同志們」純粹變成了只為眼前的一點點既得利益而活著的奇特動物。

　　「富裕之時眼前說親道熱，落難之時背後指指戳戳」[6]。誠

---

[6] 藏族著名大學者更頓群培的名句。

如斯言,在當今社會,落難時中共連做人的資格都不給。

藏族有個諺語是這麼說的,「有錢了是舅舅的孫子,沒錢了是舅舅的傭人」,這句諺語如同是古人對當今中國的預言,大家都知道今日的中國社會確實成了有奶便是娘的畸形社會。沒錢了就不當人,當性口來使喚,於是就有可能淪為他人長工奴隸,我怎麼也無法接受當長工奴隸的命運。還有,假使身體出現什麼毛病,給家人會帶來更大的麻煩和困難,我想著這些不願看見的結果,就不由地緊張、感覺麻木。

我如此地坦白自己的心態,不是在說參加過此次和平革命的英雄兒女們沒有像我一樣的恐懼感和顧忌;也不是為了請求大家的諒解而自述於此;更不是為我縮手縮腳、畏縮不前的姿態尋找理由;我只是把自己的想法一五一十地說出來而已,無論是否遭到嘲笑、譏諷,甚至污衊,事實都是如此。這便是本人產生畏懼的感覺之三:憂慮自己的苦樂而恐懼。

第四節 了悟未來而恐懼

我更加害怕的是,和前面所講述的一樣,在今年的和平革命期間,如同專制統治者大肆宣揚的那樣,藏人中一小部分人確實實施了小範圍的「打、砸、搶、燒」的犯罪活動。但是,

我堅信，這些事件只是零星的，非常少，構不成所謂的暴力，即使性質上屬於「打、砸、搶、燒」，那也是規模極小，不能影響事件的根本性質，而且，在我看來，這種現象也有起哄和仿效的因素在裡面。

　　仔細看來，這種一心一意、堅定不移、大規模的革命有繼續發展的跡象，也有一波接一波，在各地方繼續不斷地發生之可能，在革命鬥爭中可能會繼續出現一些零星的小「打、砸、搶、燒」的事情。如果真的出現這種局面，專制統治者一定會不顧國際社會的譴責，開動「殺人機器」，一次又一次地屠殺，使整個藏區毫無異議地再次淪為閻王的屠宰場。

　　專制統治者為了鞏固權力和既得利益，稱之為夷狄的藏族人是不會手軟、憐憫、更不會停止屠殺的。藏區的革命明顯是雞蛋碰石頭，螢火蟲鬥燈盞，這讓人更加覺得畏懼。

　　有人會說，一個好鬥的政治家應該懂得沒有付出就沒有自由的道理。東帝汶不也是付出了幾十萬條生命才換來的自由嗎？但是，當本人從中共和藏人兩方面對自由民主的看法等思想水平和政治環境進行觀察，尤其是把自身作為參考點來考慮問題時，發現如果進行暴力抗爭，不但自己要遭受莫大的皮肉之苦和精神虐待，同時還會給家裡人帶來無限的災難。藏區目前仍然處在專制的黑暗統治之中，一旦藏族人放棄非暴力的和

平原則，學習巴勒斯坦採取的以暴易暴的方法，那麼事情將會更糟，專制統治者對付藏族人的政策辦法除了暴力還是暴力。實踐證明暴力不能夠解決問題，所以，具有暴力特性的抗爭我寧願不要。

專制統治者時時刻刻都在為鎮壓藏族人尋找藉口，故此，假如向以往那樣再出現一點點所謂的「打、砸、搶、燒」的事件，專制統治者將毫不客氣地採取大規模鎮壓的行動，這正是他們夢寐以求、早已設計好的陷阱，同時也是他們自導自演的最好機會。一次次真假「打、砸、搶、燒」的事件，他們都會照成相，拍成片子，寫成文章，然後把這些「證據」拿到不知事情真相，卻和他們同流合污的專制統治的社會裡大量宣傳，騙取支持，從而使他們的屠殺變得合法化——給自己貼金，給他人抹黑；另一方面，大開殺戒，加大鎮壓和屠殺的力度。在這種欺騙世界的土匪行徑下，更多藏族人的生命將無辜地丟失，更多的藏族人將會遭受牢獄之災，更多的藏族人將面臨生離死別的痛苦。

最大的畏懼感還不止這些。我最不願看到但也有可能發生的是，專制政權把藏族人逼到無可奈何、孤獨無助的境地時，希望落空的藏族人只好採納以牙還牙、以眼還眼的下下之策，到那個時候，善良慈悲的藏族人採取拿起化學品和爆炸品，進

行暗殺和亂殺等暴力行徑，步入恐怖主義式的極端路綫不是沒有可能的。萬一藏人誤入那種野蠻邪道，別說是不能感知的宗教和文化，就連能感知的山川河流，草原花草，帳篷和房屋，甚至整個民族都會滅絕消失，所以本人認為再不得已也萬萬不可選擇恐怖手段，我敢說這樣會引火燒身，自取滅亡。倘如仿效暴力恐怖主義搞恐怖，境內外藏族人民以往付出的代價和所作的一切努力將會化為泡沫，徒勞無果，今年的偉大和平革命也將無果告終，變成「瞎折騰」，我敢斷言，這將使自己走上滅亡之路。

　　我這樣說是考慮到成為內因的自我和外因的他人。原因之一，在過去的一千多年裡藏族人幾乎拋棄了政事，因而也沒有過因為政治原因而進行的比較大的鬥爭運動，所以非常缺乏鬥爭運動經驗。從今年的和平革命就可以看出藏族人缺乏鬥爭運動經驗，既沒有組織性也沒有計劃性。此外，在本人看來，藏族人的心理狀態尚未由自然狀態過渡到社會人，其特性主要表現在很多人認為顯示出的愛國愛族、勇敢和起哄齊心便是和平革命的成果，特別是極少數人誤認為仿照電影電視裡看到的鏡頭，進行「打、砸、搶、燒」等暴力行徑來發洩心裡的不平衡便是在抗爭自由。然而，當他們顯示出這些態度之後就變得不知所措、無所適從。這便是沒有任何政治鬥爭運動經驗的自然

人的表現之一。

　　起哄和勇敢是成為懂得鬥爭運動的操作者不可或缺的條件之一，但是，沒有統一領導的起義是一盤散沙，對專制者構不成威脅，或者說產生不了效果，所以領導者固然很重要，而無論如何都不能選用暴力手段，這對於文化心理還停留在鬼神和神話世界裡沒有完全脫離的自然人們，以及缺乏政治鬥爭經驗和歷史的弱小民族，尤其重要。如何與一代接一代為政治鬥爭而政治鬥爭，依靠槍桿子和軍警維持政權的專制政府面對面地交戰？這就如同一個普通人和身懷絕技的拳王一較高低沒有兩樣。就算是勢力均等，可是騙術和伎倆上，藏族人永遠都不是專制政府的對手。故此本人深信，不採用和平革命的鬥爭方向，而作出以暴易暴的錯誤選擇，那一定是給對方提供消滅整個民族的絕佳機會。

　　原因之二是，9‧11事件發生後，美國政府為了打擊全球範圍內的恐怖主義組織和恐怖分子宣布了若干恐怖分子的名單，這個名單裡包括在阿富汗和巴基斯坦等阿拉伯世界的伊斯蘭武裝組織，伊斯蘭聖戰組織，伊斯蘭解放組織，哈馬斯，阿凱達組織和塔利班等，以及菲律賓的共產黨組織，哥倫比亞的革命武裝力量，盧安達的解放軍，柬埔寨自由勇士，伊朗的共和兵，尼泊爾的毛派，日本的紅軍和歐瑪聖教，土耳其的教父組

織等組織和協會，恐怖組織領袖人物等。

　　在從前稱之為東土耳其斯坦，自大清乾隆開始命名為「新疆」的這片土地上，從古至今生存的土著民族，漢語裡稱其為維吾爾。這個民族已經間接地被中共專制政府包括在恐怖主義之列，其它的比如在海外的東土耳其斯坦伊斯蘭運動、東土耳其斯坦解放組織、東土耳其斯坦新聞信息中心、世界維吾爾青年代表大會等組織和協會，都統統被劃入恐怖主義組織。同樣，也聽說專制統治者試圖把藏族人和藏族人的組織團體列進恐怖主義組織和恐怖分子名單裡的計劃，好在藏族人一直奉行非暴力和平的理念才使專制統治者無處下手，未能把藏族人列入恐怖主義的名單裡。假設若干年之前藏族人曾有過暴力行徑的歷史，中國政府早已把藏族人的一些組織和團體列入恐怖主義行列了，這點毋須置疑。如果藏族人未來採取暴力方法進行抗爭，中國政府也將毫不猶豫地把藏族的組織和團體打入恐怖主義的行列，因為這是他們求之不得的事。

　　一旦扣上這個黑名稱，國際社會可能改變其原有的看法，重新審視西藏問題，甚至會出現「過街老鼠，人人喊打」的局面。到那個時候，專制統治者就可以開動屠殺機器，即使殺光所有的藏族男人只留下女人，也不會有人出來聲援藏人。更何況藏區是處在中共專制政府的統治之下，這是全世界所剩不多

的專制政府中最黑暗、最奸詐的頭號專制政府。

　　萬一藏族人誤入這樣的歧途，即使中共專制政府將來實現了民主制度，藏族人也同樣要付出與「以暴易暴」名稱相等的代價。車臣的獨立派選擇的是以暴易暴的策略，而已經是民主政府的俄羅斯視其為恐怖分子，然後在眾目睽睽之下合情合理地對其予以屠殺，這就是一個活生生的例子。假如真的誤入歧途，沒有比這個更恐怖的事情。

　　就這樣我仔細考慮過彼此和內外後，確認倘使選擇暴力行徑或者恐怖主義行徑就等於藏族人自取滅亡。

　　誤入歧途而引來滅門之災的畏懼便是恐懼感之四：預知未來而畏懼。

　　當我把想起專制主義政權的殘暴而恐懼；擔憂民族主義誤入極端而恐懼；預料自己的苦樂而恐懼；預知未來而恐懼等四種畏懼感寫到這裡的時候，還有另一個畏懼，那就是，當我把這些文章發表出去後，我將會不可避免地遭受人間地獄般的折磨、虐待之苦，想起這些我是多麼的害怕。可是，即使因為言論而失去生命，這是我認定的道路，寧願承擔所有責任。

第四章

道──和平之道開九關

　　下面就要進入本書論述的重點內容，即公民不服從權。

　　公民不服從權、真理的執著之觀點、非暴力不合作運動都是同義詞。

　　現代意義上的公民不服從（Civil Disobedience）這一概念，最早由美國著名政治哲學家梭羅在1848年提出，他撰寫了著名的《公民不服從》一文，第一次從理論上提出了反抗國家及其法律的個人權利問題。他強調公民良知對社會的良性秩序的關鍵作用，並說出「最好的政府是管得最少的政府」的箴言。梭羅認為，人民有權抗拒國家的罪惡。必要時應當可以公開宣示不遵守國家的法令。梭羅在《公民不服從》一文中表示的基本信念是：國家為個人而存在，不是個人為國家而存在。人類的良心應該永遠是她自己言行思想的最高指南。

　　梭羅在其名著《正義論》中定義「公民不服從」，他說：公民不服從是一種公開的、非暴力的、既是按照良心的、又是政治性的違反法律的行為，其目的通常是為了使政府的法令或者政府發生一種改變。

　　有人認為公民不服從在今天成為一種社會政治哲學的題材，對此各派人士提出過很多不同的觀點。公民不服從是否是自然固有的責任？是否違反了道德標準？人們對此可否形

成統一的觀點？專制統治下公民不服從是否可行？公民不服從的法律界限是什麼？甚至有人認為「公民」一詞是一個含糊的概念可以做各種解釋等，有很多不同的說法。

既然理論是跟隨而來的，那麼跟隨而來的理論家們和智者們去考慮這些問題吧！本人對這些理論沒有過專門的研究，也不敢高談闊論。本人就此原本還需要研究的理論，以我的所知所識上貫穿一些合乎環境的詞語來予以最初的試談性的介紹。

第一節　公民不服從權

我將根據其語義：公民；不服從；公民不服從權；公民不服從一詞的來源等四個方面予以初探性的論述。

1.公民

公民指具有一個國家的國籍，根據該國的法律規範享有權利和承擔義務的自然人。

公民權利必須建立於平等的原則，任何法律或政策不得對不同種族、膚色、性別、語言、宗教、政見、國籍作出區別、歧視，或有任何不公平待遇。

　　根據在法律面前人人平等，在沒有歧視的情況下受到法律保障這一大主要原則，公民有居住及遷徙自由、言論自由、自決權、著作出版自由、通訊自由、宗教自由、思想及良知自由、集會結社自由、婚姻自由、罷工自由、私生活不受侵犯的權利、國家出入境自由、擁有財產自由等等。

　　公民不但擁有以上這些基本權利，而且公民依法享有參與國家政治生活的權利，它包括公民有選舉權及被選舉權，參與國家管理的權利，參政議政的權利，以及知情權。享有這些權利的同時，公民必須遵守憲法和法律，保守國家秘密，愛護公共財產和公共秩序等。

　　這就是現代意義上的一個公民的權利和義務，擁有這些權利的人才能稱得上是合格的公民。公民固有的政治、經濟和社會權利受到憲法的保護，擁有在法律面前人人平等的權利，且生活在民主制度的「公民」才叫做公民。

　　根據定義，公民一詞是民主制度裡才應用的名詞，似乎不是專制制度裡常用的名詞，「不服從」也是在民主制度下產生的，因為只有在民主制度裡才以權利來尊重，「不服從」也是在民主制度的社會裡或相對有道理可講的社會裡才會有體會，在歪門邪道主導一切的專制社會裡人民不能「不服從」，故此，「公民」這一術語一般是在民主制度社會裡方能看到。

2.不服從

　　不服從指發現某一條或某部分法律、行政指令不合情理實際時，主動拒絕遵守政府或強權的若干法律、要求或命令，而不訴諸於暴力，以非暴力抗議的一項主要策略。

　　根據藏族文化，「不服從」具有講和修中的修道的特性，三門即身、口、意中屬於身即行動。所以不服從不能只靠講、說和想，必須實踐某種行為，展示某種姿態。

　　這種姿態可以以不同的方式展現，可以單獨地展現，也可以集體性地展現；可以有預謀地展現；也可以盲目地展現；可以不接受法律規定的某個指令的方式展現；也可以要求法律禁止的某個條文的方式展現。它有單獨不服從和集體不服從；人為的不服叢和自然的不服從；不服從給予的和禁止的等很多種表現方式。

　　公民不服從的表達方式大致可以歸納為三類：

　　1.根據法律裡有關規定，提出不符合實際和不公正的條款，指令等予以修正的要求。比如，會見，遞交報告、呼籲書，或者在法院、議會、政府各部門爭取權利等的方法，這些都是合法的權益；2.行使憲法裡規定的公民權利，即示威遊行，集會等形式表現的姿態，這個比起第一類略顯強硬，但也是合法的舉

動；3.如果政府不理睬這些民主的基本權利並加以干涉和阻止，公民有權舉行更積極、更大規模的合理行動，最終不免被抓捕、拘留、監禁、甚至獻出生命。即使如此，為了推翻某個強加於個人的不合理制度，人們將表現出負責人和同情的姿態。這是無奈之下選擇的合理的違法行為。

　　公民不服從運動在專制制度社會裡很可能會遭到政府的鎮壓，所以人們一般認為公民不服從運動是只能存在於民主制度下的公民的政治行為。生活在民主制度裡公民不服從的是不公正的某個法律條款而對公正合理的法規是服從的。實施不服從運動時即使出現殺人，放火，開槍等的事件，也必須以非暴力和平、理性智慧的方式面對，以避免政府一方抓住任何可乘之機和把柄。公民向著同情的目的開啟了慧眼，所以真理在公民的這方而不在政府那邊。道理建立在因果的基礎之上，所以不會逆向倒轉，行動表現在和平的形式，所以不會出現暴力，所有現象都是公開的，沒有密謀或暗箱操作等事情，明明知道卻故意「犯法」，不存在實行上的迷茫無知，自己堅毅苦行的同時敦促他人也參加苦行等具有如此特色的舉措。

　　為了容易瞭解和記住，我在經過仔細閱讀和分析後將其表現在性質、作用、意義、目的等四項來闡述。

　　其性質是，真理在自己（公民）這方，為了真理而苦行、

容忍；

其作用是，廢除惡法惡紀，為了合乎實際實施非暴力和平運動；

其意義是，相輔相成和同情，為了獲得更多的支持要開誠布公；

其目的是，自由和幸福，為了和平團結而爭取全面的權利。

以上僅僅是向同僚們提供參考。

3.公民的不服從利權

對於「公民」和「不服從」本人已在上面做了較詳盡的解釋，相信大家對此有了一定的認識。如前所述，公民是民主社會的一個術語，在民主社會裡擁有政治、經濟和社會利權者，在法律的保護之下，他們同時也履行相應的社會義務和責任，他們認為不必要進行任何形式的不服從。可是人的愛好和心情是千姿百態的，當不公正的法律和指令與自己的政治觀點、道德愛好、宗教信仰不符，或者說法律和指令允許的，法律和指示禁止的，同合理的邏輯或者道德相矛盾時，他們至少會進行政府視為「違法」的不服從運動。

公民可否從事不服從運動不是按照法律的允許和禁止來決定的，它是公民與生俱來的，或者說是上天賜予的，和人的其

他利權一樣的普世價值，因此被視普遍為不准剝奪，不准破壞的利權。如果問公民不服從利權應當屬於上面講過的不服從的三種表達方式中的哪個分類？答案是第三種方式，即，就算會被捕、拘留、甚至要獻出生命，為了敦促修改不合理的法律，採取獲取人們的認同和同情的策略，去故意觸犯某項法律的行動。

　　需要瞭解的是，公民不服從應該首先被視為一項利權，只有這樣在民主社會裡公民不服從才會被看成是至高無上的普世價值，而在專制社會裡看到的是與此相反的一面。

　　假如有人問，正如你自己的講解，藏族人現今恰好處在專制暴行之下，您的講解還有什麼意義呢？我講這些只有一種想法，那就是為了把秘訣介紹給大家。

4.公民不服從一詞的來源

　　公民不服從這個概念很早就被提出，可在後來才被引入到現實中，單獨從提出而言，這個概念出現在公元前古希臘時期，而從提出和引入現實兩方而言，它在十九世紀裡才被真正提出並全面地引入現實社會中，這是從人的行為到社會政治行為的演變過程。

　　公民不服從變成社會政治行為是美國著名作家亨利‧戴

維・梭羅（Henry David Thoreau）的傑作，這和他的觀點有關。
1848年梭羅作了劃時代的演講《抗議國民政府》，而後比較廣
泛地出現了「公民不服從」這一名詞。1866年，他逝世後的第
五年，才出版了題目為《公民不服從》一書，從那個時期開始
公民不服從成為一個新的行為名詞。今天公民不服從已經成為
一社會政治哲學的術語。

　　梭羅原本是一位出色的作家，他在世時美國還處在奴隸
制社會裡，而且美國與鄰國墨西哥作戰，梭羅對當時的制度和
政府很不滿，於是就採取抗稅和要求政府更改那些不合理的法
律條款的方式進行了和平反抗，即為了使自己的行為得到政府
的重視採用不服從策略，政府卻採取強硬的手法將梭羅逮捕入
獄，好在他的好友為他付保釋費，他只蹲了一夜的監牢。梭羅
為此非常氣憤，於是寫下了《公民不服從》這篇文章。此文篇
幅不長但意義重大，影響深遠，堪稱政治思想史中一座舉足輕
重的豐碑。

　　在《公民不服從》這本小冊子裡，梭羅以「最好的政府是
管得最少的政府」，「最好的政府一無所治」等鑑別民主政府
的箴言引頭，指明個人是政府的基礎，民主社會把個人看成社
會最基本、最核心和最重要的組成部分之一，任何國家都知道
他們的權力和權威來源於個人，個人是更高的獨立權力，因此

相應地對待個人，才會形成一個自由開明的國家。他還談到為了使個人的苦樂不被忘記，由民眾選出的政府應該是一個尊重個人權利和意願的政府，從絕對君主制到有限君主制，從有限君主制到民主制，這些進步是朝著真正尊重個人進步的方向發展的，等等。從這些理論中可以看出，梭羅的思想奠定在政府和國家要尊重個人的意願和權利，也應該將此作為最終目的的民主觀點之上。

　　和個人相對而言的是政府和國家。任何一個人首先是獨立的個體，然後才是公民。成為公民的個人是因果之思想撫育的，作為一名公民，我所認為的唯一的義務是無論何時我只做符合標準的事務，所以法規的存在對於我是多餘的，可是政府和國家的運作必須要依靠法規。如果個人沒有因果之思想，當法規對個人而言不是真理時，個人明明知道這些法規不正確，卻給予太多的不合適的遵守，這會導致產生更多的非真理的後果。更多的人會變成了失去基本人權的人，用他們的軀體充當國家機器的常備軍、獄卒、民兵、警察、安全人員等，他們中大多數未能堅持各自的意願，應行應止和因果之道德，為政府賣力。另一群體是立法者、政客、律師、及政府官員等，他們為政府獻策獻智，可是從道德角度去看，很難判斷他們一心一意而且拼命為之奉獻腦力的是神還是鬼。在這群為政府賣力獻

智的群體眼裡，遵紀守法的公民的價值連馬和狗都不如，而只有甘當馬和狗的公民才算是好公民、優秀公民。相反，堅忍不拔的英雄、愛國者，為了真理而獻出生命的人，偉大的改革者和真正的人等少數為國家以因果之思想服務者，在他們眼裡是敵對勢力，是反革命分子，是分裂者，而民眾對這些人的看法也如出一轍。那麼，擁有960萬平方公里的這個國家有幾個可以算得上明白取捨，應行應止，具有道德之思想的人士？以公民不服從權利來衡量，這個國家中擁有高尚品德的人士也許不到萬分之一。

如果政府很少關心愛護個人，個人也就沒有必要去回報它。政府一開始就缺乏處理好某個事情的理念和信心，相反地卻滿足於製造矛盾和利用矛盾之中，很難說這個政府是一個對人民有益的政府，當政府的暴政或者無能非常嚴重，人民無法忍受時，公民有權拒絕向它繼續效忠，並且有權抵抗它的統治。與「本人作為一個具有因果之思想的真實的人，一個不甘心在政府的強制下生活的人，本人以不服從的原則，以個人的作風，宣布無聲無息地對抗政府」的宣示一致，梭羅以拒絕納稅的姿態開創了不服從的路綫。「我拒絕上繳個人稅都六年了，假如是一千個人，一百個人，十個人，甚至一個人，為了停止奴役他人，不再與政府合作，不慫恿奴役者繼續犯罪而遭

到逮捕入獄，如此的行動完全可以廢除美國的奴隸制，剛開始哪怕只有一個人也不必擔心，一個人若能夠做一次，此後會有另一個來繼續」；「如果一千個人拒絕繳稅一年，這種方法是非暴力和平不用付出血和肉的代價，正如納稅既非暴力也非流血一樣，而且州政府不用實施暴行，也不用流無辜人民的鮮血，這才是和平革命的意義所在。」

　　我把梭羅的《公民不服從》一書的重點部分以概括、集中、意譯等的手法，以自己的語言把大意依次排序，自認為把他的觀點較正確地進行了概述，此概述是依循咱們藏族人的心理進行介紹的，不過一定會有讀者沒能徹底搞懂的地方，也會有被誤解的部分，故此，希望諸位對照原文詳細瞭解為盼。

　　另外，理論家說，梭羅是絕對的個人道德主義者，把個人道德看成是絕對的，即使比國家和法律還要重要的觀點，對此絕對的法律主義者們不但不贊同而且相當一部分人持批評態度，絕對的個人道德主義者和絕對的法律主義者之間的爭論是理論家的爭論，我等不敢多言，對此也沒有必要不懂裝懂。這裡我們只需知道的一點，那就是「不服從」是從梭羅開始才成為遍及全球的社會行為。

　　如果從個人行為的表現形式上看公民不服從，早在2400多年前的古希臘就已經出現過不服從式的行為，所以一般認為是

一個具有悠久傳統的行為方法。公民不服從的起源，最早可以追溯到古希臘哲學家蘇克拉底為了維護真理飲鴆而亡一事。蘇克拉底之死在古希臘民主主義和專制主義之間進行過長期的爭論，為什麼蘇克拉底被判處死刑一事值得瞭解，但由於篇幅較長，故此處不予詳細介紹。我在此根據柏拉圖所著的《克里托篇》簡略地介紹一下，蘇格拉底是如何表現公民不服從的。

　　某日，古希臘雅典的人們以「誤導青少年引入歧途，不尊敬神，傳播邪教」的罪名把蘇格拉底判處死刑。快臨近死刑執行期時，蘇格拉底的朋友們計劃營救他從監獄裡逃跑。蘇格拉底是一位具有崇高的道德品質，堅持真理，遵循因果關係，智慧淵博，哲學思想精深的大學者，當朋友向他提出關於營救他越獄逃跑的勸告後，蘇格拉底經過精細的推理和分析，依照他信仰的人生真理指出：「我不僅僅是為了活著而活著，而是要活得好好的，要活得高尚，活得規矩」。當他聽完越獄逃跑的建議後說：「我將認真地考慮你提出的建議，如果是理性地提出的建議我會循從，但如果與此相反，我不會改變我一向堅守真理的原則」。然後他以妻兒，名譽，路費等作為理由，證明越獄逃跑是不明智不道德的行為。因這一建議與他的人生原則相違背，他拒絕離開監獄。

　　品德高尚的人在法制健全、風氣端正的社會裡才會成為有

威德的人，他對公正的生活一向全心全意地服從，所以他非常
尊敬和遵守國家法律的責任。蘇格拉底在即將被處以死刑的非
常時期，借雅典的國家和法律之口進行的推理可以概括如下。
法律曰：蘇格拉底請聽，任何一個人成年之後，如果不同意雅
典國家的政治組織和法律性質，誰就有權遷移到其他的地方，
你明白雅典法律裡明文規定的這項條款，可是七十年裡你沒有
遷移到其他的地方，相反享受著雅典法律賜予的秩序、和平、
自由等利益度過了人生，這如同你和雅典法律簽訂了契約，表
示服從國家的法律，做一個守法公民。當法律對自己有用時遵
守，而沒用時破壞，這不是君子的行徑，是不應該的。你因此
違背了你所堅持並實踐的理念，同時也違背了你所堅守的道理
因果、行為規範、道德標準的理念；也因此，你對你自己，你
的朋友，你的國家的暴力行為，也將對下一代釀成無視法律的
不良後果；因而你應當承認法官所定的你「誤導青少年引入歧
途」的罪名。假如你選擇一錯再錯，以惡報惡的方式，別說今
世，就是陰曹地府也一樣視你為破壞秩序和法律者而對你嗤之
以鼻。故此，即使你逃監存活下來，又有什麼意義呢？所以不
接受將受人譏笑的狼狽逃跑的建議才是上上之選。

　　蘇格拉底和他的朋友們，確切地說蘇格拉底沒有找到逃跑
的好理由。他認為，使我置於死地的不是人人都應該尊敬的法

律的過失，而是本族朋友們的過失。我不會接受死於莫須有的罪名，如果我以錯誤的行為來回答他們錯誤的思想，那不是符合因果關係，合理合法的思想和行為。恪守高尚品德的人不會採用以惡報惡，以錯還錯，以仇報仇的低劣行徑。我寧願接受死刑也不會逃跑。於是蘇格拉底服毒命畢。

　　這段文章從表面上看，好像不是在實施公民不服從的權利而是在說明什麼是公民不服從的義務。但是，蘇格拉底在最後的生死關頭，斷然拒絕做出違背法律、道德，秘密逃跑的行為，無畏無懼地坦然面對死亡，他用生命對當時雅典的五百多名法官的錯誤判斷予以了嚴厲的通牒；同時對原本就不公正、有缺陷的法律條款，提出了急需更正的強力要求；對判決他「誤導青少年引入歧途和對神的不敬」莫須有罪名的荒謬現象堅持了他恪守正義的理念。

　　蘇格拉底生命的代價換取的是拋開因果報應思想，不再延續以惡報惡，以錯還錯，以仇報仇的惡性循環，而以非暴力和平的方式對不公正的法律和社會現象採取不服從的行為。

　　以上這些內容也包括在公民不服從裡，所以本人認為西方社會是不是可把公民不服從觀點之起源溯源至蘇格拉底？這只是我的想法，僅供參考。

　　另外，也有人認為公民不服從是西方經文和哲學等理論

的思想精華，伊斯蘭教裡「上帝是道，是真理，是生命」，所
以「敬請上帝愛護我的心，我的意，我的全部」，「祈禱自己
唯一的上帝，只去尊敬上帝」等除了上帝之外不祈禱不尊敬其
他的神。這些觀點在佛教裡稱之為四個不服從[1]，並給予了論
述，其中的不服從人服從法者，與此形式上是一致的，這些說
法裡都含有不服從的意思。還有，上帝告訴信徒：「……有人
打你的右臉，連左臉也轉過來由他打。如果有人想要拿你的內
衣，連外衣也由他拿去；他強行逮你一公里你就陪同他走兩公
里」。這些思想行為和佛教裡六度[2]之忍辱度行為有相似之處，
都具有以容忍來實施非暴力和平的思想行為，也即不服從的特
點，所以，我們有理由相信宗教理論是不服從思想的發祥之源。

　　追根溯源，所謂不服從是不服從某一法律條款。人作為社
會的組成部分在社會裡生活時，有按照各自的意願制定出某種
法律法規作為生存原則的習俗，也有依從人道和道德，生活於
自然法律之下的習慣。不管是制定法還是自然法，它們共同的
目的是使人們生活得有秩序，符合道德規範，合乎情理。其中
法規的作用被認為是保護人們固有的或者是天然具有的權利，

---

[1] 也叫四不依，即不依人、不依語、不依識、不了義經。
[2] 布施度、持戒度、忍辱度、精進度、禪定度、智慧度。

以及衡量對錯的標準，所以，對於原本就屬於政治範圍內的法律進行識別的政治家和哲學家曾經指出過應當服從和應當不服從的各種情況，古希臘哲學家亞裡士多德提出「不公正的法律不是法律」的觀點，提出作為法律一定要公正的要求。之後，古羅馬著名的哲學家和政治家西塞羅提出「最好的法律是最理性、最完整，符合自然規律，適合用於整個人類，永世不變的真理」，不管長幼貴賤都有遵守法律的義務的同時，暗示公民有理由不服從不公正的法律以及不能夠保護個人權利的法律。

　　英國哲學家洛克指出，「一旦立法者在暗中謀劃如何掠奪公民的財產，或者降低他們的權利，然後當權者進一步進行奴役他們時，立法者把自身擺在了公民的對立面，以公民為敵。出現這種現象公民就完全不必服從他們」。洛克在字裡行間提示不服從是公民的基本權利。與洛克相同，著名哲學家霍布斯和赫邁的文章裡也對公民服從和不服從予以了論述。同樣，從提出並倡導注重共相的國家和政府而非自相的個人的古希臘哲學家柏拉圖，到近代德國哲學家黑格爾和馬克思，都在各自的哲學論著裡闡述了公民在何種情境下應對政府實施的法律予以服從，在何種情境下應拒絕服從的權利。

　　總之，公民不服從是一種政治現象，西方人將其視為一個理論和實踐相結合的政治傳統，很多人對它不斷地進行研究和

分析。本人經過對諸多理論詳盡地閱讀、推理之後，為了使讀
者易懂易記，對它進行了一點很粗略的概括。藏族人有個諺語
叫「手指指山」，我只是大略地指出了方向，有興趣者還請翻
看以上諸多哲學家的原文著作。

第二節　堅持真理的思想行為

堅持真理的觀點是印度偉人聖雄甘地的思想。是他在二十
世紀初期印度發生民族主義運動時，從英國統治者手中抗爭政
治權利期間首創的獨特政治觀點。

今天，有人把堅持真理的觀點稱為「堅持真理主義」，也
有人把它稱之為「甘地主義」；社會政治哲學中把它作為一類
單獨的思想行為，並稱之為「堅持真理的哲學」。

社會政治哲學把堅持真理劃分成單獨的思想行為是因為：1.它
在社會中有著實行的空間，2.它研究政治，3.它具有哲學內涵。

為了共同的生活，人們聚集在某一地方，按照一定的文化
和風俗習慣自願結成聯盟而形成團體──在社會或個人社會中
有著實行的空間；它要求聚集在一起的人們依從傳統習慣和法
則，或者為了個人和集團的利益特意聯合起來以共同的方式尋
找對策──這是政治行為；它以哲學觀點非常理性地探索和認識

人們在世間如何生存、事物性質的存在形式等，具有符合自然和科學的智慧——它具有哲學內涵。

融合宗教觀點，貫穿人道思想的這門社會政治哲學，或者叫做堅持真理的思想行為是：以非暴力方式和平地解決人與人之間，群體與群體之間，民族與民族之間的矛盾、問題、爭論、甚至戰爭等的法寶。

堅持真理的思想觀點向印度民族獨立運動指明了希望之路，聖雄甘地堅持真理的非暴力思想，給當時印度民族獨立運動注入了無可比擬的力量和勇氣。不僅僅是在印度，在整個世界範圍內，此思想行為均成為解決一切問題和矛盾的靈丹妙藥。不管是民主還是專制制度，從以美國和智利為代表的北美洲，到捷克、波蘭、烏克蘭為代表的歐洲大陸，從南非為代表的非洲大陸，到緬甸、吉爾吉斯斯坦為代表的亞洲大陸，都不同程度地受到了堅持真理觀點的影響。到了今天，堅持真理的觀點好像已經成為解決任何問題的唯一可行性方法。

接下來本人將把聖雄甘地堅持真理的觀點從四個方面作一番粗略的介紹。

1.語義

1）薩提亞格拉哈

薩提亞格拉哈（Satyagraha），是印度民族獨立運動的領袖，印度國大黨的首領，印度稱他為聖雄或國父，藏族人則稱他為菩薩、聖人的莫罕達斯・卡拉姆昌德・甘地（Mohandas Karamchand Gandhi，1869年10月2日─1948年1月30日，也稱作「聖雄甘地」，簡稱為甘地）在抗爭印度民族獨立政治運動時使用的代表其觀點的術語。用今天的話來說，薩提亞格拉哈就是甘地提出的口號。

薩提亞格拉哈一詞出自古吉拉特語（古吉拉特是地名，甘地的家鄉）。其實，這個詞原來不是這樣的，是甘地和別人一起創造出來的。1906年，當甘地在南非領導印度僑民進行反種族歧視的「消極抵抗」運動時，他對「消極抵抗」一詞極不滿意，認為這個詞含義太狹隘，因此，他想創造一個新的名稱來取代「消極抵抗」一詞。他在《自傳》中回憶當時的情景時說：「我絞盡腦汁想了很長時間，還是找不到一個恰當的名稱來取代，因此我便在《印度輿論》上懸賞徵求讀者的高見。結果摩幹拉爾・甘地提供了「薩達格拉哈」，「薩特」意即真理，「格拉哈」意即鬥爭，於是我挑選了這個詞。後來為了使

人們更容易明白它的意思，我把原來的「薩達格拉哈」一詞改為「薩提亞格拉哈」，從此它便成為古吉拉特文中代表印度人民獨立鬥爭的真正性質的通稱。」

　　薩提亞格拉哈在英文中常常被譯為「真理的力量」、「心靈的力量」、「愛的力量」、「真理之路」或「追求真理」等。而中文把它譯為「非暴力」，中文翻譯在思想和行為兩個部分中拋棄了思想的一面只迎娶了行為。在藏文中，薩提亞格拉哈被譯為「堅持真理」或「固守真理」等。「薩提亞格拉哈」一詞是由兩部分組成的：薩提亞「Satya」意為「真理」，格拉哈「graha」意為「固守」「鬥爭」、「堅持」或「執著」，兩部分合起來譯為「堅持真理」或「固守真理」，真理是指觀點或思想，堅持或固守則指行為。

　　2）真理

　　根據甘地的思想和觀點，人的本性是善良的。在這裡講的善良一詞在藏語裡可以解釋為存在於慈悲、憐憫、愛、和平等形式中的神，而這個神是因果、美德、光陰和生命的唯一源泉。因為是拋棄暴力，實施利他的聖人，所以是真理。如果說高於言說思議的神是真理，言論家也可以說具有言說思議的真理是神。其實神、聖人、真理都是異名，同一事物的不同名稱。持某一真理為神的觀點者，是一切可以存在的事物給予存

在的自我，是大悲心。主宰永恆的神或真理屬於大家，以公共
的形式存在，所以自然會在每一個人的心裡，人的心裡除了真
理沒有其他的神。具有棄惡從善特點的神或真理和非暴力是存
在於相同的基礎上的不同形式的自我，認識自我的道路只有永
遠的解脫，而這恰恰就是真理即觀點。

3）堅持

調劑惡劣和優善的行為，使其平衡適中，避免分裂，如此
對真理的體驗使人們引到了和平的道路，特別是在印度人為了
爭取自由的權利，和處於被動的英國統治者正轟轟烈烈地進行
政治鬥爭期間，時時以非暴力和平的行為來引導統治者找回本
性，努力去打動他們對真理的記憶，這如同是以善報惡，投之
以木桃，報之以瓊瑤。以德報怨，恰似做買賣，對方投給你劣
質的，而你以優善來報答，這是難行也是善行，佛教裡稱此行
為者為菩薩行為。為了某一真理引來再大再苦的災難也心甘情
願地接受、承擔，即使要獻出生命也在所不辭，無畏無懼聖人
般地堅持苦行，容忍痛苦，這樣的行為稱之為堅持。為了權利
而堅持，對方以最殘忍的方法強行剝奪某一人生存的權利時，
彼方不採納任何暴力行為，相反採取不理睬、不合作、不服從
的方式捨棄自己的行為並執著地、堅定不移地繼續其行為，這
就是堅持。

　　甘地是人類賴以生存的地球上為數不多的能夠提高人們的善性力的聖人之一，也是努力引導這個社會裡處於貪心、暴力、憤怒、敵意和自私的個人和群體擺脫惡境的奮鬥者。他一心向著真善，努力使身心滅掉世俗之心，杜絕邪念，他不但經常堅持自己身心悅適善法，同時，不僅口頭講述真理，他也時常實踐真理的觀點。所以，甘地是人類社會真理的守護者，是大覺仙。

2.堅持真理的觀點之核心是人與神的自性相同，人心向善的本性一致。

　　甘地的觀點中可以看到佛教徒稱之為異教的印度教和婆羅門教為代表的印度傳統宗教的觀點的深刻痕跡，此外還有一些基督教和伊斯蘭教的觀點，以及西方政治哲學的觀點和人道主義的思想。因此堪稱是東西方思想的完美結合體。

　　甘地的堅持真理的哲學觀點的核心認同，人於神的自性相同，人心之向善的本性是一樣的觀點。其觀點的主要源泉是佛教徒稱之為異教或外道的婆羅門教，是崇奉遍入天[3]為造物者

---

[3] 梵音譯作毗瑟紐，古音度婆羅門教徒崇奉的造物主。遍滿一切器世間和情世間，故名為「遍」；以十種方式入世濟人，故名為「入」。

的遍入天教派。從甘地的家庭背景就可以發現這一點，甘地的「母親是一名非常虔誠的婆羅門教徒，每日不忘到遍入天神廟燒香磕頭，請求寬恕，每次吃飯前都要祈禱敬神，從來都不會間斷甲多爾麻薩即四個月的禁食齋[4]」。甘地的「父親也每天去神廟聽講經，從來都不會耽誤朗誦印度教最主要的經典《薄伽梵歌》」。

家族對傳統宗教的虔誠，使甘地從小就對傳統宗教產生很深的印象。甘地曾說過：「我一生下來就信仰遍入天」，特別是遍入天的《吠陀經》經典裡承認常一自在「我」，因此甘地也相信「大千世界是由宇宙創造者製造的，人之我常在，有自在，神的本性源於主神，……「我」和主神的自性相同」。此外還有「自我存在於每個人的內部，它在尋找最終的真理」，以及「認識自我的本性只有一條通道──那就是解脫，依靠它可以很清楚地看見神的本性，我相信那是脫離吉祥、欲望和惡劣性質的瞬間，為了達到這個目的我全心全意地在體驗」等。

甘地的觀點是多種不同的思想構成的，在遍入天的《吠陀經》的觀點和思想的基礎上，他不但吸收了佛教和印度教等不同教派中的因果關係、前生後世和解脫等宗教觀點和思想，

---

[4] 守餓行，佛教徒斷絕飲食以修苦行的宗教活動。

也受到伊斯蘭教和基督教的觀點和思想的影響。甘地說「宗教是去向同一個目的的不同道路」。甘地對所有的宗教都一視同仁。在他的眼裡任何宗教都具有非暴力和堅行真理的共同特點，所以，他深信各宗教派系的最終目的是幫助人們解脫痛苦，從這一點來說，各宗教派系是一致的，互不矛盾。

　　甘地的另一個觀點受到了上面講過的美國著名作家亨利・戴維・梭羅的《論公民不服從》的啟發，還受到了俄羅斯著名作家列夫─托爾斯泰的影響，例如列夫─托爾斯泰的《天國在你心中》一書中的「……人是具有理性的一類生命，時常為發現真理而奮鬥，……」；「……人不可操控，在自由和不自由時會選擇真理之路……」；「……人的生命的價值是為了幫助建立上帝的天國而在世間侍奉，而這種侍奉只有能夠獨立自主地相信真理、堅持真理、實踐真理才能完成」；「神的天國不是存在於有形的狀態，不為遠也不為近，上帝的天國在你的心裡」等。甘地也受到英國著名的藝術家和作家約翰─魯斯金的論述人道主義思想的《獻給後來者書》等著作的啟發。比如甘地在他的自傳裡概括他所理解的《獻給後來者書》時寫到：「凡夫之子所擁有的利益包含在眾人的利益之中，精通法律者的工作和手法熟練的理髮師的工作具有同等的特點和價值，因為所有人都有依靠工作的權利」。甘地承認所受的影響時說：

「它使我入迷，並引導我改變了我的價值觀，它影響了我後來的人生行為」。所以說甘地的堅持真理的觀點受到了一些西方的思想觀點和人道主義思想的影響。

正因為如此，聖雄甘地曾經說過的「在我本人和他人間不斷探索研究方能走進上層之路」；「沒有探索研究我不能存活，說到底人生便是探索和研究的過程」。他經過長時間的探索和研究所得到的觀點是，人與神的自性是一致的，心之向善的本性相同。他認為遍及一切的神、真理、光明、自我和生命是存在於同一基礎上的不同形象，其性質都是非暴力、和平、慈悲、憐憫和愛戀，雖然在名稱上分為人和神，可是在實際意義上他們的自性是一致的，正如他說「上帝的本性只有一個，所以，我對人類具有同一性質的觀點深信不疑，如果有人問我，我們不是有多種蘊[5]嗎？確實是這樣，不過「自我」卻只有一個，就如同太陽系有無數個光蘊，但是它們的來源只有一個一樣」；又說「我在死亡中看見生命，世俗中體驗解脫，黑暗中感受光明，所以我發現，神是生命，真理和光音，神是無限的快樂和無上的善行」；又說「一個人的心靈得到神的完整的威力，他就變得沒有壞心，對誰都會善心相待……根據我經

---

[5] 蘊是聚之意，佛教有五蘊：色、受、想、行、識，五蘊。也叫五陰。

歷過無數事情得來的經驗，當心靈滋潤在和平之中時，仇恨的心理停止了繼續滋生。歷史進程中，世界上許多偉大的人物都證實過這一點，這不是我的功勞而是神的成就，我很清楚這點」；又說「我的神不在天上，而是我在這個人類共同生存的地球上認識的，神就在你我的心中」；又說「神是普遍的，所以存在於每個人的心裡，正因為如此，每個人都是神的化身」。

聖雄甘地的這些理論簡明易懂，佛教中說「人人皆是佛，可是有的人被污染了，消除污染即是真佛」；還說「所謂人即是佛，世尊之稱本無有」。這些當中的一些詞稍微做一點更改便成為「人人皆為神，可是有的人被罪染，消除罪惡是真神」；「所謂人即是神，佛國之稱本無有」。如此巧妙的換位不但更加清楚地解釋聖雄甘地的觀點，也有助於藏族人民更容易搞懂聖雄甘地的思想和觀點。

然而，甘地的「人神自性一致」和「人心向善的性質相同」的觀點，未必是具有深遠意義和理論體系的哲學思想，但是對人類社會而言，可以說是一個廣博深沉，具有人性化，或者說人情味的觀點。

依據我個人的理解，聖雄甘地的觀點的最大特點是廣博深沉和人性化。他的觀點之核心是個人，他把其觀點也稱之為神、我、生命、真理等的異名，並且相信這些都存在於因果、

真理、愛，說到底是善行之中。這樣一個關於遍及一切形式的存在的觀點當然廣博深沉。這一觀點同時又富有個人道德的特點，表現出人情味，它不因神而與人隔遠，不因人而離世俗更近。他還提出「人心是神，神的化身是人」的獨特思想觀點，論證了人的世界上除了「真理」沒有第二個潛在的神秘物。通過非常細緻地分析和論證，聖雄甘地把神的知識和神的文化從神秘到現實，從秘密到公開，從不明顯到明顯，從不清楚到清楚，從天上到人間，一一擺在了大眾眼前，於是，人們也放心地、信任地接受並跟隨其後。

探索得來某個真理之觀點，將其熔化在自己的心靈中，滲透到每個細胞裡，最終使自己完全融化在這個新發現的真理之中，然後把它貫徹到行動中，讓每一個人都看在眼裡記在心裡——聖雄甘地就作到了這些。如今這個社會上，聖雄甘地一樣的人士少之又少。也正因為如此，聖雄甘地是當今社會中非常少見的傑出人物之一。

3.堅持真理之行為的核心是非暴力和不合作。

以下將要講述聖雄甘地的行為，我想有必要從他的優良作風講起。

有人堅持和傳統一致的觀點，或者說具有歷史根源、合情

合理的觀點，那麼很多人就會喜歡聽他的話。他能夠堅持如此
的觀點，再加上具有溫和的舉止，優良和作風，人們會自然而
然地喜歡和尊敬這個人，這種信仰和尊敬在一定時間裡會變成
一種純粹的信仰，這也是人類的一種自然本性。這一現象在聖
雄甘地身上可以很清楚地看到，聖雄甘地的觀點，如同上面講
過的那樣，具有濃厚的傳統宗教色彩。對於持「人與神自性相
同」和「心之向善的本性一致」之觀點，並且行為與觀點一致
的聖雄甘地，他不但在講述真理而且也在實踐真理，因此我把
聖雄甘地看成是一位擁有美德的聖人。

　　正如所謂的眾生有著八萬四千種煩惱一樣，人們的美德也
應該有八萬四千種。我將把無數的美德概括為勇敢堅定，嚴於
自律，光明正大，嚴格明智等四種最基本的道德品質。我將在
之前介紹的基礎上，用舉列的方式介紹聖雄甘地從小就具有的
美德。

　　在父親家的朋友和顧問的建議下，甘地決定到英國留學。
有一天，他正在做準備時，他家族的親戚和朋友們聚集在一
起，就甘地赴英國留學一事舉行了討論並提出了各自的想法。
他們說：「如果去了英國就不可能繼續遵守和保護我們的宗教
和風俗習慣」；「我們的宗教反對有人越洋到海外」；「去英
國留學的打算完全是錯誤的」等等，反對他到英國留學的聲音

灌進甘地的耳朵裡，親戚們試圖拿宗教和習俗對甘地施壓，以達到挽留他的目的。當親戚們發現他們的勸告並沒有達到預期的效果時，便採取了最後的最具嚴厲性的辦法。他們宣布：如果甘地一定要去英國，那麼從即日起甘地的一切言行都和我們這個家族無關。他們用從家族中除名來威脅甘地。可是甘地的回應是，你們做出什麼樣的決定都可以，那是你們的權利，但是，我去英國學習的想法不會改變。當時只有十八歲的甘地在如此堅定的決心下去了英國留學。這一點表明了他從小就是一個勇敢堅定的人。

最初甘地的母親也很反對甘地赴英國學習一事，並要求他取消留學計劃。他的母親是一位虔誠的婆羅門教信徒，她的擔心主要來自傳說中的英國人喜歡吃肉，每天離不開酒。她生怕她的兒子染上這些惡習變成罪孽深重的判教徒。當甘地發現母親的這些擔憂之後，在母親面前起誓，他到達英國後會遠離肉、酒和女人。甘地到達英國後，他確實遵守了對母親的諾言。因此可以說甘地是從小就是一位嚴於自律的人。

甘地在上初中一年級時，有一次一個教學觀摩團來到他所在的學校，為了瞭解該班的英語水平，觀摩團讓學生們默寫五個生詞，甘地不會拼寫「壺」（Kettle）一詞，監考老師發現後，用腳踢甘地的桌子腿示意他抄襲旁邊同學的答案，可是甘

地不但沒有按照老師的示意抄襲，反而交了卷子走出教室。結果除了甘地其餘的同學都拿了滿分，同學和老師責怪他壞了他們的名聲，甘地卻說「我永遠都無法學到抄襲的技巧」。從這個故事我們不難看出甘地從小就是一個光明正大的人。

甘地在英國就讀時，每一項支出都算得很精細，他把支出的每一分錢都逐一詳細記在賬本上，比如乘坐公共車的車票，寄信所花費的郵資，以及買報紙的費用等這些小的支出，都一項不漏地記得很清楚。正如甘地在他的自傳裡說的那樣「每天晚上睡覺前我都記下當天的支出後才休息，我一直都這樣堅持，正因為有這個習慣，之後基金會的十萬多公共財產經過我的手支出時從來都沒有出現過一點問題，我所領導的運動最後都沒有欠款，還有一點餘額」。從這些方面就知道甘地是一位嚴格明智的人。

另外，甘地是一位勇敢承認錯誤並改正錯誤的人。小時候為了模仿吸煙的闊姿態，他曾從傭人的衣兜裡偷拿一點零錢散物去買紙煙等。十五歲那年，甘地從他哥哥的手鐲上摳下一小疙瘩金子據為己有。然而，那之後他感到非常懊悔和痛心，從此他悔過自新，發誓不偷竊一針一綫，並且把悔過信交到父親手裡。他的父親不僅沒有責怪他，反而淚流滿面，一個勁地讚美他，父親的每一滴眼淚都流進他的心底，深深地打動了這個

少年的心。就此甘地看到了改變他人之心的力量是如此之大，同時也發現了非暴力和平方式深遠而博大的意義，從那時起甘地的心裡埋下了非暴力和平方式的種子。

「我是一個非常注重個人行為的人，為了芝麻大的過錯都感到特別害羞甚至為此而哭泣過」，甘地在他的自傳裡這樣寫道。他是一個非常講究行為規範的人，所以他認為「道德是一切的基礎，真理是道德的本性，因而尋找真理是我唯一的目的」。甘地認為要想找到真理必須先從道德開始。

有關甘地如何注重其道德行為的故事，沒有一萬個也可以輕而易舉地找到九千個。比如他說過的「沒有自由就寧願去死」等等從小就充滿對自由的渴望。甘地還是一個不懂事的小孩時都如此在乎道德修養，那麼他長大後自不待言。以上是對聖雄甘地小時候的一些行為按照他本人的解釋進行的一點敘述。

聖雄甘地沒有降生在藏區是他的一大不幸，假設他生在藏區，他不是號稱為「佛祖第二」的「化身」，也一定是稱作「祜主」或「遍智佛」什麼的「化身」。理由是甘地自少年起就與眾不同，具有如此之多非凡的行為。倘使甘地是一名藏族人，他的這些行為難道不是「仁波切」才有的獨特現象？藏族人將不得不確認他是某仁波切的轉世化身。

　　印度教經典《薄伽梵歌》和甘地自認為是「學習榜樣」的《夏拉瓦拿杯支巴嘎德納達噶》（譯為《如意藤》）的戲劇經典，以及「為了真理而放棄榮華富貴去忍苦受難」的《哈日夏堅達拉》等，對甘地從小就產生了很大的影響。《哈日夏堅達拉》這個神話故事和藏族故事《王子直美袞登的傳記》有很多相似之處。這些宗教經典和戲劇對聖雄甘地的道德行為產生了不可比擬的影響，這些傳記對甘地產生的影響相當之深。不過，聖雄甘地從來都沒有說過他是某某的化身，也不為某個群體的怙主，更不說我忍苦受難是為了宗教，相反，他經常說我沒有什麼新的派系和教義留給大家。一切都在陽光下光明正大，在個人社會裡，在人權的層面上，在個人本性的基礎之上去開始和完成。總之，他一直認為人類社會中的一切大小事情都應該在人類共同的真理的基礎上加以解決。聖雄甘地把他的非暴力和平的觀點充分表現在其堅持真理的行為之中。

　　下麵將說到正題：非暴力和平和不合作，也可以縮寫成非暴力不合作。我想從兩個方面進行解釋。

　　第一，非暴力一詞從詞面上來看，非常容易理解，並且早已成了家喻戶曉的單詞，所以不需要耗費太多的筆墨去解釋，但是，本人看來，非暴力一詞在藏語裡是一個中立的或者說是一個比較模糊的詞，甚至非暴力這個詞給人一種「不想」或者

「不敢」的懶惰懈怠和渙散的引申意義，除了詞面上的模模糊糊的非暴力和平的框架之外，這種方式用來做什麼，怎麼實施等，藏人很難從正反兩個方面對它進行理解。而漢語將這個詞譯為「非暴力」，指不是暴力的行為，這一語義比較直接，很清楚，從中人們可以理解做什麼和如何實施的問題。我向來非常注重語義的特點和作用，但是，接受多數人認可的言詞並非不妥，所以這裡就採用大多數藏族人已經習慣的說法。

　　說到這裡，首先需要說明的一點是，聖雄甘地提出的非暴力和平指的是為了爭取本該擁有的某個權利而進行的和平運動，不是佛教中的心中首先想到某種形象而修習和刻意內向安住修習，也不是不知所措而導致的中立和無所適從的茫然，更不是無心鑽研的懶惰懈怠和渙散，它是為了獲取應該擁有的權利而忍苦受難的和平行為。

　　遵照以前的說法，非暴力和平在講解和修道中應該屬於修道之行為。在執行和奮鬥時採取非暴力和平的手段，在表現形式上保持自己對某一不信服、不想望、不贊成、不跟隨的態度，即通常所言的方式和方法，應該是行為的範疇。總之，面對一件需要去完成的事情時，把勤苦和容忍放在首位去實踐的一種行為現象。

　　那麼，非暴力和平的觀點至少包括兩個方面的含義。其

一是，當正在抗爭各自的自由，平等和權利時，對政府，集體，個人等的生命、人身、財產等不會採用打砸搶燒等暴力行為進行攻擊和破壞。如果採取暴力行為，那麼對他人或對方的自由、平等和權利就會造成危害。為了自己的幸福而破壞他人的幸福，換句話說在別人的痛苦上建立自己的幸福，是不應該的。因此堅持和平的行為是其中包含的意義之一。其次是，當正在抗爭各自的自由、平等和權利時，他人或者對方（例如統治者）即使對爭取權利者的人身、生命和財產採取打砸搶燒等暴力行為，也不予回應。比如，「他罵不還罵，他怒不還怒，他打不還打，他尋過不還報」等，堅持佛教中講的「四沙門法」的態度，那是一種徹底的勤苦和超越的容忍，是純粹的自苦自受，即使威脅到安全和生命都不可以還罵還怒還打還報的完全容忍的最高境界。這種現象有人稱作「爆滿監獄的勇氣」。為了自由押上人生幸福和生命，向統治者高呼「請打開你的監牢，我們要進去」，一切的一切在容忍中消融，充分發揚忍受痛苦和包容一切的和平態度直到永遠，其目的是以愛和慈悲心的力量去喚醒對方對真理的良知。

　　比如，就如何實施堅持真理的觀點和行為，甘地是這樣指導的：堅持真理者沒有仇恨，能夠控制憤怒，和平對抗，不怕懲罰，不怕進監獄，不搶，不動手，行動上保持平靜理性不表

露氣憤，運動期間即使對方不對也不因此而視其為嘲諷和攻擊的目標，即使對方有人選擇暴力動手，也要對他進行保護，釋放他回家。

聖雄甘地說過「非暴力和平和真理是意義相同的兩個不同的詞」，所以，「為了正確無誤地識別遍及每一個角落，廣泛存在的真理，除了用肉眼看不到的生命之外，都應該擁有和自己相等的享受到快樂的權利」。「非暴力和平是真實的愛，我叢印度教，聖者經典，高冉經典中讀到過這些」，我自始至終認為「愛是唯一的布施而不是回報；愛是唯一的寬恕而不是憤怒和仇恨」，「識別愛的方法是堅毅苦行，堅毅苦行是明明知道而忍受痛苦」。甘地深信眾生渴望的「不離開沒有痛苦的幸福」的愛才是非暴力和平的意義。

如同上述，甘地進一步闡明理由時說，「正因為暴力行為如同動物的行徑，非暴力和平才應該是作為人的行為」，所以，「我曾經發誓不會為了自己而採用暴力行為」，還有「為了我門的民族我非常樂意去蹲監牢忍受痛苦」，因此，「人的性質是非常相似的，我相信向他人以誠心和愛去對待，得到的回報將是百倍千倍的誠心和愛」，也因此，「我非常平靜地敢說這個方法在意義上是為了全世界」，這就是我的行為。

如果有人認為，此類方法是懦夫膽小鬼的行為，那麼他

完全錯了。「勇敢的心能夠對殘暴的思想構成動搖或者阻止其罪惡行徑的作用」，所以，「那不是為了猶豫者和缺乏膽識者，而是為了那些勇敢的人們」，「我常常說那是勇敢者的特色」，原因是「刀和槍等暴力武器是為那些沒有勇氣的懦夫特製的，也是那些膽小鬼們常用的東西」，「以愛心喚起勇氣的無畏的個人，從來不會拿起膽小鬼們才用的武器來維護自己」。總之，甘地試圖展示「愛來代表憤怒，捨棄自我來替代暴力，內心的勇氣來制服暴力」的方法，或者是「非暴力和平是和那些殘酷暴力抗爭而不是逃避，與作對、仇殺相比，非暴力和平以刻苦努力，實實在在地和殘酷暴力對抗。我依靠勇氣或者道德之勇氣來反抗不是道德的行為，只想絞盡腦汁來打落凶暴者愚昧的大刀，不想拿起比這個更鋒利的刀劍去抗爭，他們意想不到的便是我不拿起武器來阻止和反對。我以心來抗爭來替代暴力抗爭，這個方式將使他們推向無可奈何的境地，也許最初他們會感到很奇怪，最終他們不知所措地來承認他們的願望」。這個世界的「一邊是真理和非暴力和平，另一邊是謊言和暴力，兩者間好像沒有和諧的餘地」，不過會有那麼一天，「個人的自由也好，一個民族的自由也罷，即使整個世界的自由，毫無疑問，不管是個人、民族、世界，必須依靠非暴力和平到達那個終點」。

第二，不合作是非暴力政治鬥爭的一種。指對國家活動的抵制，如拒絕在國家機關擔任工作，放棄榮譽稱號和名譽職務等。如同前面我們在講「不服從」時說過的不信任，不願意，不承認，不遵守，不接受，不尊敬一樣，其實僅僅是說法上的不同而已，兩者的意義相近。

不合作是拒絕政權、權力和放棄榮譽稱號，名譽職務等，主要是和統治者及政府不合作。聖雄甘地論述當時的英國殖民主義政府時，字裡行間都可以看到英國統治者如何隱藏對印度的野心和貪婪，而在口頭上打著發展的旗號。比如，製造出眾多使大量人口失業的機器；用開戰來鞏固自己的統治地位；在印度全國上下修建無數個控制人的監獄；還有很多保護殖民政府的律師；以及為了試驗藥物，每年奪取成千上萬動物的生命。以搜刮錢財的主要手段之一的醫院和醫生，他們把印度拖回貧窮，他們永遠都維護他們自己國家的利益，被統治者好像只為了剝削而存在似的，印度的祖先們留下的入世美德和少欲知足的好行為和高尚道德品質，以及印度的精神價值都面臨被這些外來人毀滅的危險。

印度自古就是一個國家，擁有獨特的哲學思想和自己的生活方式。然而，看來殖民者懷有對印度長期分而治之的跡象。他們把印度人說成愚昧、無知、落後，試圖持續奴役印度人。

如果有人敢藐視他們的國家，他們就會挖了他的眼睛，因此，我們這些學習英語的印度人和把印度交給英國人的印度人，現在真的到了為印度的自治而出力獻策的時刻了，好比是「正在用的東西一旦不喜歡時，就會產生想扔的心態」一樣，我們沒有得到的權利，而「假如你給我們，我們不會做向你遞交申請的申請者，如果我們真的成了遞交申請者，那你一直會是我們的頂頭上司，所以我們不與你做任何的聯繫」。「倘如我不喜歡某個工作，一旦我決定不做這份工作時，我就會實施堅持真理的行為」。還有「你讓我們做我們不想做的事情，那麼我們是不會幫助你的，沒有我們的幫助你將寸步難行」，只因為如此，我們將實施不合作的運動，不說別的，就連你們認為和具有普遍約束力的社會規範的法律都不會遵守。「如果，明明知道某一個法規對自己不公平還繼續遵守，那只能說不具備人的概念」，「什麼時候我們能夠拋棄遵守不是真理的法律的意識，什麼時候我們就脫離奴隸的命運」。還有「即使你不贊成某項法規也要得遵守的教導違背了人的屬性，本能和特點，那是奴隸的本性，假如政府要我們跳裸體舞，我們該怎麼辦？是否去跳裸體舞？如果我是一位堅持真理者的話我會說，「這項法規拿到你自個的家裡去，我不會在你面前裸露的，更不會跳裸體舞的」，堅決不會合作。

「……請求是不會得到任何東西的，我們需要自己動手去努力奪回，要奪回這些我們必須需要力量，而力量可以從以下這19條中獲得」。這19條如下：

1）只有在極少數的情況下，他才使用英語。

2）如果他是一位律師，他將放棄律師職業，從事手搖紡織機的工作。

3）如果他是一位律師，他將用知識去啟蒙他的人民和英國人。

4）如果他是一位律師，他不會在爭吵的雙方中混水摸魚，而是放棄訴訟，以他的經驗勸導人們妥善解決爭端。

5）如果他是一位律師，他會拒絕當法官，就像放棄自己的職業一樣。

6）如果他是一位醫生，他將放棄醫學，並認識到與其治療身體不如治療靈魂。

7）如是他是一位醫生，他將明白不論一個人的宗教信仰是什麼，與其用殘忍的活體解剖的手段去治療疾病，還不如維持病症。歐洲醫學院實施的正是活體解剖。

8）儘管他是一位醫生，他也將從事手搖紡織機的工作。如果病人來找他，他會告訴他們的病因，奉勸他們根除疾病的原因而不是給些無用的藥片，讓他們繼續放縱自己。他會理解，如果不吃藥萬一病人死了，世界不會悲

傷，他真正地對死者做到了悲憫。

9）如果他是一位富人，他會對自己的財富毫不介意，他將說出自己的想法，不畏懼任何人。

10）如果他是一位富人，他會把金錢投資於手搖紡織機上，鼓勵人們使用手工製造的產品，並且自己率先帶頭。

11）像每一位印度人一樣，他知道這是懺悔、贖罪和哀悼的時候。

12）像每一位印度人一樣，他知道譴責英國人無濟於事。由於我們的原因，他們來到印度，並居住下來。只有當我們改變了自己，他們才會離開印度；或者改變他們的天性。

13）像其他人一樣，他將明白在哀悼的時候，沒有放縱的餘地，由於我們處於墮落的狀態中，被投進監獄或被流放是最好不過的事情。

14）像其他人一樣，他將明白，為了與人民打成一片我們必須想方設法逃避監禁，這種想法是毫無根據的迷信。

15）像其他人一樣，他會明白，行動勝過言論。我們的責任是準確地說出我們的想法，直面言論帶來的後果。只有這樣我們的發言才能給別人留下深刻的印象。

16）像其他人一樣，他會理解，只有歷經磨難才會獲得自由。

17）像其他人一樣，他將理解，終生流放到安達曼群島也
　　不足以贖回慈恿歐洲文明的罪惡。

18）像其他人一樣，他將懂得，沒有哪個國家不飽經創傷
　　就能崛起，甚至在戰爭方面也是這樣。真正的考驗是
　　甘願忍受痛苦，而不是殺害別人。這在消極抵抗的鬥
　　爭中最能體現出來。

19）像其他人一樣，他將懂得，當別人也做某事時我們才
　　會做某事，這種說法是一種懶惰的藉口。我們做我們
　　認為是正確的事情，其他人看見了，他們會做同樣的
　　事情。當我嗜好一種特殊的美味，我不會等別人先嘗
　　它。全民奮鬥和忍受痛苦猶如品嘗美味。在壓力之下
　　忍受痛苦便不是痛苦。

　　至於如何和統治者不合作，甘地在他的著作《印度自治》
中列出的以上19條予以了怎樣拒絕的方法。

　　正如19條中指出的那樣，聖雄甘地發現的最佳方法，稱之
為和平反抗的堅持真理之道廣受印度人民的擁護，成千上萬的
印度人們蜂擁跟隨。甘地在向愛戴他的人民演講時說：「……
即使英國殖民政府取消食鹽稅，之前徵收的稅款全部退還給印
度人民，任命印度人做高官，從印度各地撤回英國軍隊，我們
仍然不會使用任何機器製造的東西，也不會說英語，更不會使

用那些工廠……，殖民統治政府賜與的所有高官厚祿和榮譽獎賞將一一地退還給他們，為了維護自己的罪惡行徑繼續保持其違背人道精神和不合理法規的政府，我等不會予以尊敬和愛戴」。

　　演講帶來的效果是熱愛自由和和平的印度人民一個接著一個地放棄了英國殖民政府賜與的官位和榮譽獎賞，並且不送孩子去英國辦理的學校學習，發生任何糾紛都不會到英國殖民政府的法院去解決，杜絕購買英國製造的貨物，進行大規模的和平示威遊行活動，舉行罷工，罷商，罷課，對不合理的稅收一律不予遵照，不遵守英國殖民政府制定的法律，甚至丟下各自最基本的生活保障去參與和政府不合作的運動。這樣的運動產生的直接效應是，例如1922的第一次不合作運動中，聖雄甘地家鄉的手工業生產迅速得到了發展，手工業的發展導致沒有人再去購買英國製造的紡織品，與此同時甘地家鄉的人們發誓不購買英國的紡織品，相反大量使用印度傳統的放綾織布機來製造紡織品，這使從英國進口到印度的紡織品突然下降到28%，而印度本地的紡織品上漲了27%。

　　綜上所述，甘地以他別具一格的方式清清楚楚地向世人展現的堅持真理的行為意義，即非暴力和平和不合作。不合作運動不分身體強弱，男女老少都可以勝任，即便是14歲的少年

或者七旬老人，甚至傷殘病人都可以去做，此運動說大能大到全國上下百萬人民一起可以執行，說小一家人甚至是一個人都可以去做。這項運動不是實施一次兩次就成功的運動，而是二三十年連續不斷地實施的結果。最終印度人民將英國殖民主義者從印度土地上驅逐，迎來了獨立的日子。

4.甘地的人生價值

　　我將根據我的瞭解，從兩個方面對聖雄甘地的人生價值進行說明：其一，甘地是一位修習和領悟宗教的政治家；其二，甘地是一位以和平方式爭取權利的領航員。

　　1）甘地是一位修習領解宗教的政治家。

　　沒有聽說過甘地具有很好的宗教修心，不過從他的所作所為看起來，他是一位修習和領悟宗教的修善者。能把某一項宗教觀點運用到政治領域，在政治上善於借用宗教觀點，從而使宗教和政治融合到完美的境界，並將之應用到社會中實踐，這是甘地獨一無二的傑作和價值。甘地富有神人一體的觀點，實踐非暴力和不合作的行為，他所發現和創造的堅持真理的思想不僅在口頭上，不是在幻想中，而是在人生中，在社會中，特別是在政治上，向世界人民指明了一條不使用刀槍也能通向自由世界的大道，這不能不說是人類歷史上的一大進步，也

是發明。

　　依照我們藏族人的觀念，這不是佛陀菩提心，但是佛陀菩提心的功業卻表現在了爭取政治權利的行動上；眾生的福樂之事在社會生活中得到圓滿，作為普通的凡夫之子無論如何都無法想像。

　　那時在印度，各種教派像空中的星星難以計數，甘地並不是什麼喇嘛上師、仁波切、化身和良師，但是甘地把人性本善的性質簡化成為人人易懂的真理，把宗教觀點應用到政治事務中，把政治事務融合到宗教觀點中，堅守心中對於真理的信念直到最後一刻。甘地的英勇精神和高瞻遠矚得到了百萬印度人民的追隨和愛戴，促成了絕對的天時地利人和的環境，由此完成了偉大的政治功績。即使在今天，藏族人也不敢相信這一切實事發生在隔山而居的印度土地上。

　　然而，既然聖雄甘地在號稱人類精神文明的起源之一的印度土地上播下的非暴力和平的政治鬥爭的種子開了花結了果，這不是沒有原因的。這要從因與果的關係來說起。

　　在很多人眼裡，聖雄甘地的堅持真理的觀點是一個政治鬥爭的途徑或者辦法，可是甘地本人卻不這麼看，堅持真理看作是修習、領悟、修行和實踐。

　　堅持真理一詞中有從梵文中引用的薩提亞（Satya），從

善良、友好和吉祥的原意發展出真理的含義，也有阿哈麻薩（Ahimsa），即非暴力的意思。按照藏族人的說法，宗教事業「不做任何邪惡事，盡善盡美為善業」，甘地在爭取自由和權利的政治鬥爭中把這些應用到了實踐中。甘地沒有採納藏族人所謂的「眾生皆為母親」的觀點，但是人類生存要相互依賴，不大可能孤零零地生活，相互依賴的人生中，人們在彼此友善的基礎上生存，這是不可否認的事實，人們在陽光下兄弟姐妹般自由平等幸福地共同生活是不朽的真理，因此，甘地在行動中體現相互搏鬥廝殺是不應該的思想和行為。比如，甘地在實施堅持真理的觀點時，每一次看到人們為了自己的利益採取暴力行動時，他就會採用他的「勇者的武器」——絕食來制止人們的暴力行徑。甘地在一生中進行過16次絕食抗議。和英國統治者爭取權利期間，甘地為了表現非暴力之「進監獄是我求之不得的事」，前後共進過監獄18次，五次遇到暗殺的危險境地，可是，甘地對暗殺的回應是「不是因為疾病，而是死在某個兄弟的暗算中，我不會生氣和責怪他，我的利他之事業就此告終」。甘地充分表現出他作為一位虔誠的宗教修行者的純潔。

　　第二次世界大戰期間，德國納粹分子大肆攻打波蘭和捷克等，並大量屠殺猶太人時，甘地曾經暗示過猶太人以非暴力不合作的方法來面對納粹分子，但是丘吉爾呼籲英國為首的英國

的各殖民國聯合起來反攻德國的納粹主義。甘地聽到這個消息後嚴厲批評丘吉爾的愚蠢行為，並且說：「戰鬥是最愚蠢的決定，戰鬥與真理背道而馳，野性勃勃的希特勒和墨索里尼等[6]想統治歐洲就讓他們去做吧！但是你們不可放棄堅持真理的信念」。此外，當墨索里尼侵略非洲大陸的埃塞俄比亞時，甘地又以「容忍他人打殺的利益遠遠大於作戰的成果」來呼籲埃塞俄比亞人民以非暴力不合作的精神來對付納粹的侵略。當聽到埃塞俄比亞政府向侵略者投降一事時，甘地不但不感到惋惜反而說：「應該勇敢地面對不可逆轉的結果，沒有成為愚蠢的屠殺者的幫手，這一點值得讚揚」。甘地始終保持著善行和堅持真理的信念。

聖雄甘地相信：包括殘酷的統治者在內的所有人只是未能開化真理和愛的習氣而已，總有一天這樣的習氣會開化。「無論身處何種窘境我都這麼想，不管是歷史的那個時期，真理和愛才是最後的勝利者，雖然歷史中的那些霸道的人、壞蛋和劊子手們一時間看起來似乎他們是對的，很威風的樣子，可是到頭來他們才是失敗者，這是歷史的法則；……這個世界上所有

[6] 墨索里尼（1883—1945年），是意大利獨裁者和法西斯黨的頭子，第二次世界大戰的主要戰犯之一。1943年7月，由於法西斯軍隊戰敗，以及國內人民反法西斯運動高漲，墨索里尼政權垮臺。1945年被意大利游擊隊捕獲並處決，尸體倒吊在廣場上，受到千萬人唾罵。

國家的鬥爭方式都離不開野蠻和殘暴，對自認為是自己的敵人的人，除了以野蠻的行徑予以報復以外拿不出更好、更有效、更有遠見的辦法。如果有一天全世界人民厭倦戰鬥，開始尋找解脫之道，我敢斷言，那是因為這個古老的國度即印度的堅持真理或者說是不流血的革命向世界人民指明了解脫之道；……對於我來說，即使要等到很長的時間才能實現願望，我的國家也寧願不要血流成河才換來的自由」。

　　甘地在推行印度民族獨立運動的漫長歲月裡，一絲一毫都沒有放棄過非暴力和平的信念，他確確實實指明了「政教合一」或「教政合一」的道路，他是修行者也是體驗者。

　　儘管如此，看不穿甘地的政治遠見和思想，卻把爭奪權力和利用權力來掌控看作是政治之軸和把投機主義當作政治的最高原則，大動奸詐和密謀，賄賂等低劣手段的政治家們還大言不慚地用「當初是一位不起名的律師，現今又成了壞人後盾的一個修行者和大英帝國的使者和談，那是在貶低我們」[7]；「……看起來是一個下賤卻沒有被污染者，事實上是一個狡猾出爾反爾的傢伙」[8]等惡劣的言詞來加以諷刺和侮辱甘地；還用

---

[7] 丘吉爾的話。

[8] 丘吉爾的話。

「就像甘地一樣善於奉迎的人不也曾經一群一群地出現過嗎？
最終除了原形畢露之外沒有得到任何東西，他們背叛了人民，
是帝國主義的幫手」[9]等無中生有的流言加害過甘地；也對甘地
進行過諸如「在政治上甘地有再大的革命，他只不過是一位企
圖復興宗教和舊思想的保守主義者，所以他是社會的逆行者和
反動者」[10]等不切實際的批評。

　　不過，後來政治家們又不得不改口讚美了，「今天聖雄甘
地不再是「帝國主義的幫手」，他是教導人民的智者，是一位
時時更正和在乎個人行為的實行者，掌握歷史航綫的遠視者，
因此他不愧是印度人民的好領導」。[11]這是1969年甘地誕生100
周年紀念會上，持不同觀點的印度共產黨的時任主席對甘地的
評價。另一位是法國著名作家羅曼‧羅蘭則說：「聖雄甘地喚
醒了他自己的3億兄弟姐妹，動搖了大英帝國」。

　　聖雄甘地的政治鬥爭智慧，或者說非暴力和平的方法，對
印度民族的獨立起到了推波助瀾的積極作用，印度的國大黨從
一個弱小的黨派變成一個廣受民眾擁戴的大黨和執政黨，也離

[9]　史達林的話。
[10]　羅易（Manabendra Nath Roy）（1887年3月21日—1954年1月25日），亦譯作魯易、魯依，印度革
　　命家、哲學家、政治理論家及活動家。早年曾為共產主義領袖及理論家，在墨西哥、印度及中國
　　參予領導共產主義革命；後來以共產主義極權，抔棄共產主義，改為宣揚其「新人民主義」。
[11]　S.A旦吉的話，印度共產黨主席。

不開甘地的智慧與遠見。在強大的壓力之下英國殖民統治者只好放棄在印度的統治，印度人民因此在聖雄甘地的領導之下建立了自己的民主國家。甘地的智慧和睿智贏得了熱愛和平的世界人民長期的贊同。

　　2）以和平爭取權利的領航員

　　放眼全球政治鬥爭的形式，毫無疑問，是甘地開啟了以和平的方式爭取個人權利的歷史先河，甘地的堅持真理的運動改變了政治游戲規則，使人們有了一種可以不流血就可以爭取權利的方法，世界人們習慣性地稱這個行為觀點為非暴力不合作。從此，堅持真理的思想觀點對世界人們爭取個人權利的鬥爭事業產生了積極的影響。

　　聖雄甘地對真理有他自己的解釋，當談及真理時，他說：「閱讀人類歷史的書籍，你會看到無計其數的關於描寫人類相互仇視、厮殺、戰鬥的故事，然而你幾乎看不到一頁就如此地以和平的方式爭取的歷史故事，如果真是如同歷史中寫著的那樣，只有相互無情的殺戮而沒有友好，那麼人類應該早就絕種，不會有今天。事實上人類一直是依靠和平共處，友愛團結，慈悲心的力量存在和生活，本人所提倡的真理的力量或者說是心的力量，更或者是心的自治恰恰就是無法從歷史中找到的那個真理」。

　　雖然在現實生活中高調叫囂「槍桿子裡出政權」的人，那些想用鮮血來鋪平勝利之路的人，依靠高壓強硬手段來捆綁人權的人，以及疾步踏進暴力的族類是一群不把和平鬥爭放在眼裡的劊子手。但是，甘地和像甘地一樣的有識之士們恰恰是依靠實踐、方法、和對真理的執著，獲得了最終的勝利，向世界證實了真理的力量。

　　正如甘地所言，「據我所知，世界人民之所以如此關注我們的鬥爭運動，那不是因為印度人民在為自身的解放而進行的鬥爭，而是我們爭取解放鬥爭的方法是一個在歷史記載中未曾有過的，任何民族之前沒有實施過的、新的方法之緣故」。

　　的確是這樣，非暴力和平運動打開了歷史前所未有的新篇章，不但在印度土地上發芽生根，而且在短短的時間開花結果。沒有太多的流血和犧牲，毗鄰藏區的印度從統治印度將近二百年的大英帝國手中獲得了獨立，這不能不說是人類歷史上的一大奇蹟。

　　從總體而言，聖雄甘地以堅持真理的信念實施非暴力和平來爭取權利鬥爭的那個時期，恰恰是漢人稱之為共產黨的紅色觀點正在佔全球大半個土地上走運的時期。崇拜紅色觀點的人們高舉著馬克思和恩格斯的世界觀和文化旗幟，消滅私有制，憧憬著建立一個沒有階級、沒有政府的共產社會，將人類從壓

迫和貧窮中徹底解放；同時，政治家們對文化進行改造，無產階級或者說是工人階級轉變為專制政權的統治者，這就是社會主義國家制度。

　　這些理想主義者們公然宣稱，在共產黨的領導之下政權的主人是無產階級，無產階級依靠暴力革命粉碎資產階級的統治制度後建立自己的統治制度，在解放無產者的同時要積極消滅反對社會主義革命和破壞社會主義建設的敵對階級，要建立起社會主義公有制度，為人類逐漸實現共產主義理想而提供一切可能的幫助等等。從歐洲到亞洲，從非洲到南北美洲，撲面而來的紅色觀點使美麗的地球一片通紅，專制的強橫暴力鋪天蓋地，紅色觀點無處不在，一時間真有那種「四海翻騰，五洲震蕩」之局勢。

　　印度也未能逃脫紅色觀點的魔爪，不僅遭到紅色觀點的威脅，信仰共產主義者還在印度建立了共產黨的組織。甘地和廣大印度人民同坐一條氈，對有產無產和高中低層都一視同仁，以有福同享，有難同當的平等觀點執著地堅持以非暴力和平的形式爭取權利。

　　甘地的高瞻遠矚，獨特的思想行為得到了印度人民的愛戴，同時也激起了印度人民對和平和自由的渴望之情，所以甘地所屬的印度國大黨非常順利地領導起印度人民，眾多教派也

因此沒有分道揚鑣。當時印度已經有三億五千萬的人口，卻沒有發生內戰，控制印度的十萬多統治者也因此沒有遭到打殺，更沒有引起外來的侵略。

回首中國近代史，恰恰與印度的經歷相反，在中共大搞無產階級暴力革命時期，屍橫遍野，血流成河，幾百萬人的生命無辜地消失。印度成功地避免了類似的大殺戮，沒有人敢說這不是聖雄甘地的恩惠和智慧之淨果？

雖然聖雄甘地以他超人的政治智慧使印度民族脫離殖民主義的統治並獲得了永遠的自由，可是他的堅持真理或非暴力不合作運動卻遭到了來自側面、反面和最低層的攻擊和詆毀，特別是那些熱衷於血腥、屍體、侵略、暴力和獨裁的組織認為，甘地領導的政治運動違背了無產階級暴力革命的性質和原則，應該號召廣大人民群眾起來搞革命時，由於畏懼而轉身實施非暴力的行為完全是貪生怕死的表現，這不但消減了人們對革命的積極性，而且錯過了革命的機會，延緩了革命的取得勝利的時間，對我方起到了火上澆水的不良作用，卻對敵方起到了火上澆油的效果，所以，他們認為非暴力和平運動會使群眾性的運動趨於渙散。

如同有人批評甘地的觀點和思想，也有人對甘地的思想觀點和政治智慧予以了肯定，比如美國著名的軍事家、政治家和

外交家G.C.馬歇爾這樣評價甘地：「聖雄甘地是人類良心的代言人」；前法國總統喬治 皮杜爾則這樣評價甘地：「所有相信人類博愛的人，將永遠為甘地逝世傷心地哭泣」；愛因斯坦這樣評論甘地：「後世的子孫也許很難相信，世上竟然真地活生生出現過這樣的人。（Generations to come will scarcely believe that such a one as this walked the earth in flesh and blood.）我認為甘地的觀點是我們這個時期所有政治家中最高明的。我們應該朝著他的精神方向努力，不是通過暴力達到我們的目的，而是不同你認為邪惡的勢力結盟。」

當聖雄甘地被槍殺之後，賈瓦哈拉爾‧尼赫魯向全國發表講話時說：「……千年之後，它將永遠放射出耀眼的光芒，世人仍將看到這燦爛的光輝，因為它將為所有人帶來慰藉。這光所包含的意義，遠遠超過目前的範圍。它代表生命和永恆的真理，為我們指引正確的道路，保護我們避免誤入歧途，帶領我們的古老國家走向自由。……」；1947年8月15日，印度獨立之日，印度議會議員詹德雷—普拉薩德先生贊揚甘地為「我們在過去的30多年裡的燈塔、領路人和哲學家」。

聖雄甘地的堅持真理、非暴力不合作的政治鬥爭方式成為社會政治哲學的議題，甘地主義早就成了和平主義的代名詞，他的觀點稱得上是全世界爭取政治權利的秘訣，更堪稱普世觀點。

　　印度大詩人泰戈爾云：「人的永恆的幸福不是得到的財富的多少，而是為了比自己的生命還要高的觀點改變自己，如祖國的觀點、民族的觀點、神的觀點等。這些觀點使人類易於放棄自己的所有甚至生命。人類在沒有找到某個偉大的觀點之前，他們也許灰心喪氣並使人覺得可憐，這些偉大的觀點使他們從他們作為依靠的財富的奴役下完全解脫」。

　　如同泰戈爾所言，偉大的觀點之說可以從甘地的一生清楚看到。聖雄甘地的觀點得到世界人們的認可後非常自然地成了人類的普世觀點。今天，當提起甘地時人們很自然地想到的是和平的觀點和和平主義，所以，把聖雄甘地稱為以和平爭取權利的領航員可謂是名副其實，再恰當不過。

第三節　非暴力不合作運動

　　要說非暴力不合作運動，據說在甘地的領導之下舉行過四次非暴力不合作運動，在此簡略地予以介紹。

　　第一次非暴力不合作運動於1920年9月—1922年2月間舉行。受到第二次世界大戰的影響，在印度民族獨立運動如同是海上浪潮一個接一個連續發生。看到這個勢頭，英國殖民主義者為了鞏固對印度的統治，一方面開始對法律進行修改，對印

度的高層人物展開撫慰和誘惑；另一方面大力宣揚《羅拉特法案》[12]並伴隨著鎮壓。1919年4月13日，發生了「阿姆利則慘案」[13]。「阿姆利則慘案」的發生沒能使印度人民畏懼招降，反而更加憤怒使反英運動擴大，因為「阿姆利則慘案」的發生，1920年9月，甘地制定出非暴力不合作的計劃後宣布：「運動的

[12] 《羅拉特法》（Rowlatt Acts）——英國殖民當局於1919年頒行的鎮壓印度民族解放運動的法令。由在印度供職的英國法官S.A.羅拉特為首的委員會起草，故名。該法包括《印度刑法修正案（1919年第1號）》和《刑法非常權力法（1919年第2號）》，統稱平時戒嚴法。印度總督於1917年12月10日任命羅拉特委員會研究處理所謂印度社會治安問題，目的在於使英印殖民當局在戰時法令失效後，繼續保有特殊的鎮壓權力。經過近一年的醞釀，羅拉特委員會起草了上述兩項法案。法案建議授予印度總督和印度各省殖民當局以下述「非常權力」：在沒有逮捕狀的情況下，可不經起訴而對認為具有顛覆政府之嫌疑的任何印度人進行「預防性」逮捕和搜查；不經審訊即可無限期拘押任何被捕的印度人；被捕或被拘押的印度人不得聘請律師、證人和辯護人；在審理涉嫌顛覆政府案時，取消陪審團制度，由當局3名法官合議作出的判決為終審判決，被判決的印度人不得上訴；當局可以限制群眾集會規模，有權命令有礙社會治安的「危險人物」到當局指定的地點居住；增置城市安全設施；警方有權解散群眾集會和示威遊行。根據羅拉特委員會的建議，上述法案於1919年1月19日公布，2月16日提交議會討論，遭到全體議員的抵制。孟買和印度其他城市建立「薩蒂亞格拉哈同盟」反對羅拉特法案，罷工、罷市和抗議浪潮遍及全印各地。1919年3月21日，上述法案在印度人民的抗議聲中於中央立法議會通過。

[13] 「阿姆利則慘案」——由於《羅拉特法案》使印度人民完全失去政治自由，全國嘩然，群起反對。旁遮普的反帝鬥爭尤為激烈。英國殖民當局一方面不准M.K.甘地到旁遮普宣傳堅持真理運動，另一方面采用恐怖手段實行鎮壓。4月10日凌晨，在阿姆利則市逮捕兩名民族主義活動家。隨後約有3萬市民集會市政府門前，要求釋放被捕者，遭到警察和騎兵的鎮壓。集會者奮起反抗，於傍晚占領火車站、電報局和電話局。當晚，英印軍隊的R.E.H.戴爾將軍率領軍隊開進阿姆利則市，實行宵禁。4月13日，約5萬人在阿姆利則市賈利安瓦拉·巴格廣場舉行集會，抗議殖民當局專橫暴虐。當天下午戴爾指揮裝甲車堵住廣場狹窄的出口，並下令向密集人群開槍射擊。據英國官方公布的數字，當場死379人，傷1200人。這次事件史稱「阿姆利則慘案」。

目的使印度自治，如果可能的話，在英帝國的管轄範圍內進行自治，如果必要的話印度將會和大英國斷絕一些關係建立完全的自治」。

於是在甘地的領導下，印度人民開始罷工、罷課、罷商，舉行大規模的示威遊行，使反抗英國殖民統治的運動如雨後春筍般在印度到處舉行。1922年2月5日，位於印度北部的加力加拉村的2000名憤怒的農民殺死當地的22名警察後，一把火把警察局也給燒了。這個行為完全違背了非暴力運動的宗旨，所以，聽到這個不幸的消息後，甘地耐心勸解印度人民不要讓類似的暴力事件再次發生。2月12日英國殖民政府召開了國民大會，在大會上通過一項決議，不但對加力加拉村民的魯莽暴力行為予以了嚴厲的譴責，而且於3月10日逮捕甘地入獄，並對運動進行了大面積的鎮壓。

第二次非暴力不合作運動是在1930年3月─1934年4月間舉行。在二十世紀20年代末和30年代初，發生在資本主義世界的經濟大蕭條也席捲印度，印度國大黨決定採納甘地就舉行群眾性質的不合作運動的提議，並要求印度獨立。國大黨把非暴力不合作的反英國殖民主義運動的領導權交給了甘地。當時英國政府制定了一項法令，指示印度人民不可以私自製造食鹽，必須從政府購買。甘地決定違反這項不公平的法令作為運動的起

步點,甘地率領78位支持者從艾哈邁達巴德市徒步示威遊行到
古吉拉特南部城市丹迪,全程380多公里。抗議隊伍沿途進行
了極富感染力的宣傳號召,吸引了數以千計的民眾加入其中,
經過25天的徒步遊行後,4月5日,遊行隊伍到達丹迪海濱後,
公然違反食鹽法令,甘地俯身抓起一把鹽,印度各地民眾也紛
紛效仿甘地,沖到海邊自己用海水曬鹽,並拒絕向殖民政府交
稅。史稱此次運動為「食鹽進軍」。

　　「食鹽進軍」運動給英國殖民當局造成了沉重打擊,於是
統治者大肆打壓和拘捕參加「食鹽進軍」運動的印度民眾,5月
5日,甘地再次被捕,甘地的再次逮捕使反抗運動逐漸趨向革命
化,印度各個地方反英運動紛紛而起,全印度拘捕了30000人。
1935年3月5日,與甘地反覆談判後,英國殖民政府與甘地簽訂
《甘地—歐文協定》(也稱作《德裡協定》)。殖民政府同意
取消「印度人民不可以私自製造食鹽」的不合理法令,承認國
大黨為合法之黨派,國大黨通過協議結束不合作運動。第二次
不合作運動結束。

　　聖雄甘地領導的「食鹽進軍」徒步運動是和平真理戰勝強
權勢力的典型事例。

　　第三次非暴力不合作運動是在1940年10月—1941年2月間舉
行。第二次大戰發生後,英國政府派遣的印度總督自行宣布印

度將參加世界大戰，沒有與印度人民和國大黨協商就作出宣示的獨裁行徑遭到印度人民的強烈不滿，其直接後果是印度七個省的國大黨的政府以辭職給予了反抗。1940年10月3日，甘地單方面提出再次舉行不合作運動的議案，並敦促賈瓦哈拉爾‧尼赫魯等國大黨領袖們發表不願參加大戰的聲明。11月，殖民統治者再次展開大肆鎮壓拘捕了近30000印度人，運動受阻。

　　第四次非暴力不合作運動是在1942年8月—1944年5月間舉行。發生太平洋戰爭之後，戰火燒到印度平原，致使印度人民渴望獨立的呼喚推向了更高的臺階。為了扭轉政治緊張形式並牢固統治地位，英國統治者於1942年制定出一份協議草案，此草案沒有滿足國大黨提出的在戰時建立國民政府和國防自治等要求，所以，國大黨開會並通過聖雄甘地提議的英國退出印度的決議草案。8月9日清晨，英國殖民主義統治者突然逮捕了甘地為首的的國大黨的領袖們，同時拘捕了60000多名印度人民，拒絕承認國大黨為合法的黨派。1944年5月6日，甘地因為健康欠佳被釋放。24日，甘地宣布暫時停止驅除英國統治者的運動。

　　甘地領導著印度人民一次又一次地舉行非暴力不合作運動，最終使印度脫離英國殖民統治者的統治，實現了印度民族獨立的夢想，成為世界上人口最多的民主國家。

　　總之，甘地的非暴力不合作運動給印度帶來了偉大的勝

利，也對世界產生了很大的影響。上世紀中期在美國民權運動領袖馬丁‧路德‧金博士領導的「公民權益運動」；南非基督教教主圖圖等領導的「反抗種族分裂」運動；以及捷克斯洛伐克的瓦茨拉夫‧哈維爾等領導的「七七憲章」運動和波蘭的瓦來薩等領導的「團結工會」運動，還有，接連發生的史稱「天鵝絨革命」和「顏色革命」等，甚至反抗緬甸軍政府的民主鬥士昂傘素吉也受到了非暴力不合作運動和甘地觀點的影響，這些都是有目共睹的事實。對於聖雄甘地舉行過的四次非暴力不合作運動就介紹這裡為止，如果想瞭解更多的有關以上所列運動的歷史背景，還得要翻看更多的書籍。

綜　述

所有思想活動應該基於普世價值

　　根據時機，也可以說一切思想活動基於政治。以人為本的人文思想和人道思考下，人的自由、平等、公正、權利、民主、尊嚴、生命等，應該不分國家和民族，宗教，地區等的劃分，以精神社會對人類的良知和理性予以遵守和認同，並應該在普世價值的基礎之上加以思考。

　　假如能夠基於普世價值進行思考，那麼任何活動都與政治相關。既然一切都和政治產生關係，就一定需要戰略和策略、根據和基礎，這就是聖雄甘地的堅持真理，也許我沒有說之前大家早就一清二楚了。

　　上一章裡所講過的不服從權利和堅持真理的觀點，以及非暴力不合作運動是同一個基礎上的不同面，或者說是同一個意義的不同名稱，之前還沒有聽說有人稱這些為同一個觀點的異名，但是本人經過認真地分析和對比後這樣認為的，所以，這並非不懂裝懂，而是產生於個人聞思的結果。羅囉嗦嗦地寫道這裡也只有一個想法，說簡單一點那就是非暴力和平或者說非暴力不合作運動的可行性，因為我看到了誤入極端的危險性。

　　自稱知識廣博的上層群體可以不把金耳朵側向我一個「邪見者」的「胡言亂語」。不過，爭取普世價值的方法和策略唯有堅持真理才是最佳之策，因此請一定要關注聖雄甘地的觀點，因為聖雄甘地不但是印度的「指路燈塔」，也是全世界的

「因果之慧眼」。

　　倘使以往的一千多年裡，因為引入印度佛教文化的結果，使藏族人在佛教領域裡已經達到了相當高的境地，那麼今天，恐怕是藏族人需要再次把印度的政治文化引進藏區，借此來爭取政治權利的時候了。不過，無論如何，爭取政治權利都應該基於普世價值。

　　如果沒有喜馬拉雅山，因為藏族的佛教文化源於印度，藏印兩族人民一定是最親最近的兄弟姐妹；只因為有了喜馬拉雅山的存在，山那邊的被稱作「外道」的族群，也就擁有不同的政治制度。一切的出發點是宗教觀點。

　　猶如吐蕃時期，如能在心的力量之下把喜馬拉雅山脈化為平地，那麼堅持真理的觀點近在咫尺，政治智慧伸手可得，一切是那麼的近那麼易於取得。

　　如同藏族的佛教文化源於印度一樣，政治文化這門經又要到印度去取，這只好歸咎到藏族人的「命運」吧！這是從政治層面來看的。

　　再者，就在甘地時期印度各種教派林立，我行我素，雖說印度在大英帝國的統治之下，不如說處在割據的狀態更恰當一點。當時的英國殖民統治者也稱印度是「愚昧、無知、黑暗、落後」的民族，並把印度人的行為形容為「野蠻、殘酷、凶

暴」等，從總體而言，那時候的印度和今天藏族的處境一模一樣，只有一點不同，那就是，相較而言，印度建立了比較有勢有力的政治團體或者說是政治組織，而藏區沒有；相較而言，統治印度的是還能講一點道理和有一點信仰，有法律意識的英國人，而統治藏區者與之相反；相較而言，印度出現了懂得爭取政治權利的聖雄甘地，而在藏區，這樣的人物還沒有降生。

　　這些不同點也不是沒有因由的，有國際環境的區別，時機變遷的區別，內外不同的因素等，仔細分析，印度和藏區會有很多不能相提並論的地方，最主要的一點是甘地作為政治運動的領導者，甘地再講政治再反對政府，即使被逮捕入獄，別說是他的生命沒有危險，他還擁有充分的言論自由權，甘地雖然身處大牢可他的話和文章都能及時地刊登在印度當時的各大報刊上，所以說甘地至少有一個講道理的政治環境。

　　不用歸咎於不同之處也不要列出一大堆不同之處進行責怪，看看印度與藏區所擁有的相同的宗教文化，只要能夠一切以普世價值和政治的角度加以思考，使用心計和策略，假以時日藏族人一定會找到相同的果實，因為現在具有不同社會制度的印度和藏區起源於相同的宗教文化。

　　甘地是否會降生在藏區，堅持真理是否可信，非暴力不合作是否會有結果等，對這些疑問，只有通達未來的預言家才能

答覆，而事實上這個預言應該在每一個藏族人的心裡，本人對此毫不懷疑。

有一件事情我始終放心不下：甘地的見行是社會政治哲學範疇的理論，具有大理論、大道理、大行止的智慧和策略的大結合，本人沒有抄襲中國政府表裡不一的那一套，只接受策略而拋棄智慧的一面，說清楚一點，那就是只認同非暴力不合作的行為這一面，卻拋棄了人與神的自性相同和人性本善的觀點，或者說不是把甘地劈成兩塊只取行為那一塊，而是嘗試著從各個角度介紹甘地的思想源泉、觀點、行為、運動、人生價值等。

可是，如果那些被教派觀點僵化的出家人譏諷我是崇仰外道[1]，說我是誤入邪道的邪見者，我該怎麼辦？假如把人權寄託在共產的利益主義者們把我定型為「叛變」和「反動」，把我投入大牢，我該如何做？倘若勇氣賽過雄獅的勇士們罵我是縮頭烏龜，我又該怎辦？這些使我疑慮重重。

我的顧慮是，這門政治哲學容易介紹而難以實踐，如果因為本人看不見底，挖不清其中道理，吃不透其深層思想而導致反覆重複，帶不來精神價值那才叫糟糕。對藏族人而言，智慧

[1]　成佛教徒以外的宗教徒為外道，佛教徒自稱內道。

這一層也許可以不學，可是策略的一面一定要學，而且要努力去學。這門新型的學問，如果不以我的意志為轉移，甚至因為我「影響欠佳」而引起反作用，這是我所不願看到的，也是我的顧慮和怵惕之處。

　　值得高興的是，應用和實施非暴力不合作觀點和方法的跡象這幾年在藏區不只一次地出現。第一次是在2006年出現，按照本人的說法，開始於焚燒虎皮、豹皮、水獺皮等裝飾品運動。更值得一提的是自從2008「土鼠年和平革命」以來，藏區三區即衛藏，康，安多等地區大面積地出現和平形式的示威、遊行、上訪、罷耕、燭光集會、罷慶新年、絕食等的事件和運動，還聽到了迫於無奈以上吊、跳河、自焚等形式予以反抗的駭人聽聞的事情。這些運動都是以個人的形式和群體的形式，或者是藏族整體的形式在發生，雖然這些運動不具備所謂的「有目的、有計劃、有組織」的條件，不過，除了極個別的極端動作之外，充分表現出了利他的傳統信仰，無可置疑，完全在堅持真理和非暴力不合作的見行範圍之內。我個人覺得最可惜的是還沒看到降生聖雄甘地的「轉世化身」。

　　無論從什麼角度看，我們都能以驕傲地、自信地、自豪地、理直氣壯地說藏族人已經開始對自由、民主、權利等的政治權利有了新的發現和認識，同時悟出了權利必須去爭取的道

理，所以，為了達到更加明亮的、透徹的效應，如果及時地把普世價值和以及相適應的高招法寶引進藏區，能夠介紹到位的話，遵守和履行普世價值的時刻一定會出現。

我這樣說基於兩個原因：其一，世俗中生活的人們的最高願望是普世價值；其二，任何一個民族的政治制度都以不同的方法在改進，而改進的最終點是尊敬和履行普世價值。

總結語

　　從外部來說，當今這個世界上，爭取普世價值的鬥爭不是侷限於某一個地區而是成為全球性的問題，就像藏區問題，已經成為全世界人人皆知的問題。

　　藏區問題也好，拉薩事件也罷，都是早已存在的藏區問題，集權專制一再回避、否認藏區問題的存在，並稱「藏族人們處在歷史上最好的時期，藏區一片安詳寧靜，藏族人們在社會主義大家庭裡過著幸福的生活」。可是事實與他們宣傳的恰恰相反，藏區問題不但存在，而且藏區問題越來越複雜尖銳，越來越國際化，這已經是眾所周知的事實。在藏區還沒有變成世界上一個新的殺人流血的戰場之前，是否將藏區問題看作一個重大問題來解決，就看東西方政治家們的智慧和遠見了。藏區問題不但可以從歷史、時機和事實等方面進行協商討論，也可以依據大多數藏族人民的願望來解決。總之，問題已經到了非得解決的地步。

　　藏區問題從無到有，從模糊到顯眼，從不可能到可能，從區域到國際，一步步發展壯大的，所以，對於發生問題才去關心的國際社會來說，現今，藏區問題不但發生了，而且問題很大，出乎人們的想像。遵循普世價值的人士們是否真的主持正義就要看如何對待藏區問題了。

　　藏族人們從一開始就努力使藏區問題依照號稱人類軸心的

普世價值的原則和互利互惠、和平的方式來加以解決，而不希望看到兩敗俱傷的悲慘場面。不過，專制政府總是站在「歷史的錯誤的一面」[1]，所以，他們不會真正面對談判協商和調解的，因此，西藏流亡政府的官員和中國統戰部官員的接觸，不可抱任何的希望。既然如此，應該樹立起自信心，面向藏區內部來尋找自救對策，才是解決藏區問題的重中之重。

　　從內部來說，藏族人正處在歷史的大轉折時期。轉折之際，把握好方向就顯得尤其重要。回顧藏族歷史，會發現藏族人在很多個歷史的轉折點沒有拿定注意、確定好戰略和策略、未能把握好時機而導致選錯方向的例子比比皆是。以前在藏區沒有出現過站在歷史的高處設計藏族政治前途的人物。這樣的人物出現與否，歸根結底與大眾的思想水平和個人覺悟的程度有關。然而，人類步入二十一世紀的今天，普世價值的種子從上到下的形式已播撒在藏區大地，這不能不說是一個奇蹟，一件值得高興的事，而播下的種子需要適當的水、肥料和溫度才能開花結果，這是理所當然的。所以，藏族人在這歷史的轉折點一定要掌握好方向，萬萬不可步入極端的邪道。

---

[1]　美國總統歐巴馬的話。

　　在藏區，一百個普通學者的結論比不上一個愚蠢的轉世喇嘛的瞎說，這可不是假話。從這個悲觀的角度來說，在這矛盾重重的時刻，所有藏族的「人之神」都必須具備智慧和洞察力，這已經是迫在眉睫的不可推卸的責任，在一切都變得重要而危急的時刻，以理性和理智來武裝就顯得要中之要。

　　從自身來說，為恐懼之感而喪失了參加革命的勇氣之外，因果慧眼之責備使我無處可藏，整日在煎熬中度過，依靠因果慧眼來壓制恐懼之感，乃是一個漫長的掙扎過程。只因為如此，目標是建立自由的國度，方法途徑是非暴力不合作，因為不能一步登天，所以要從一點一點的小事做起，就像霎時間生起的頓悟不能成佛一樣，一點一點地修行方是成佛之道。自認為是理性，才表述的這些僅僅停留在文字上，和實踐相比，只不過是些妄語罷了。有時候，一曲彈唱的效果都好像比文字要大，所以，把自己的思想付諸文字，似乎只是為了降低因果慧眼給自己的內心帶來的疼痛而已。

　　可是，綜觀全局，我看到了革命具有繼續的跡象，現今的革命模式第一是和平，第二是和平，第三還是和平。比如玫瑰花革命，鬱金香革命等手持鮮花參加革命一樣。此外，評估以往的革命運動所得出的結論是，在過去二百多年裡發生的三百多次不同的政治鬥爭中，暴力革命的成功率是23%，而和平革命

的成功率是56%，我們有充分的理由去相信研究得出的結論，所以說，如果能夠舉行以哈達、念珠、佛燈和糌粑為象徵的和平革命，相信藏區會出現一個名副其實的和平革命。

　　總之，再迷茫，再走投無路也一定要慎重，不要誤入暴力、邪道和極端，這是我最想叮囑大家的一句話。

　　但願我的以上肺腑之言，在我們未來的自由運動中起到一點點作用。

附件一

普世價值

　　在哲學或人文科學上，普世價值泛指那些不分畛域，超越宗教、國家、民族，只要本於良知與理性皆認同之價值、理念。

　　普世價值泛指那些不分畛域，超越宗教、國家、民族，任何一個自詡文明社會的人類，只要本於良知與理性皆認同之價值、理念。簡言之，普世價值就是人類創造的、千百年來經過沉澱揚棄而升華的、全世界普遍適用的、造福於人類社會的、最好的價值。普世價值大體指人權天賦，生來自由，民主權力一類的東西。它們的本質、意義和重要性應該是超越人的意識形態和觀念鬥爭的，應該是放之四海而皆準的自然的非人為定義的真理。

天賦人權

「人」的位階在「國家」之上；「人」才是國家存在之目的，而非「人」是為了國家而存在。因此，國家有義務捍衛人人與生俱來的權利，如生存的權利、免於恐懼的權利、生育的權利、知的權利、免於匱乏的權利、思想的自由、表達的自由、集會遊行的自由。這是國家存在的目的。若做不到的政府，人民得以隨時更換或推翻。

人道

四海一家，每個人都跟我一樣是人類兄弟。因為如此，所以無法坐視擁有同樣血肉的人類兄弟同胞活在痛苦、不幸、不公義之下。

人本

以人為目的，而不以人為手段。

平等：人人生而平等，生而自由。平等與自由，都是每

個人與生俱來之自然權利，而非國家、元首、君王或宗教領袖所恩賜才擁有。只要是人，不分種族、膚色、貧富、性別、宗教、國家、民族，大家都享有同樣身為人的尊嚴。

尊重

　　每個人都有跟我一樣的尊嚴；將心比心，己所不欲，勿施於人。追求自由時，須以不侵犯他人為其界限。

法治

　　人民為國家的真正主人，此為民主的基本定義，而政府只不過是人民之僕；執政者乃受人民所暫時委托而賦予暫時權力，並非國家真正的主人。正因如此，執政者必須依大家所公認之法律為標準來治理國家，而不能依個人好惡隨意變更標準，而令國家的主人——人民感到無所適從。

多元

　　每個人、每個族群、每種觀點、每個文化都有自己獨有的特質，也都有自己存在的價值，因此沒有誰比誰更正確或高一等。即使目前某一方居於主流，也應尊重與包容其他不同的存在與聲音。即使不同意對方的意見，也應該捍衛對方充分表達意見的自由。

附件二：《世界人權宣言》

　　《世界人權宣言》是聯合國大會於1948年12月10日通過（聯合國大會第217號決議，A/RES/217）的一份旨在維護人類基本權利的文獻。由於該文件是由聯合國大會通過的，《世界人權宣言》並非強制的國際公約，但是它為之後的兩份具有強制性的聯合國人權公約，《公民權利和政治權利國際公約》和《經濟、社會及文化權利國際公約》做了鋪墊。許多學者、律師和法庭判決書依然經常引述《世界人權宣言》中的一些條款來佐證自己的立場。一些國際法律師認為《世界人權宣言》是一部習慣法，但是對於這一點學界還沒有共識。

　　《宣言》頒布後，大會要求所有會員國廣為宣傳，並且「不分國家或領土的政治地位，主要在各級學校和其他教育機構加以傳播、展示、閱讀和闡述。」《宣言》全文如下：

序言

　　鑑於對人類家庭所有成員的固有尊嚴及其平等的和不移的權利的承認，乃是世界自由、正義與和平的基礎，

　　鑑於對人權的無視和侮蔑已發展為野蠻暴行，這些暴行玷污了人類的良心，而一個人人享有言論和信仰自由並免予恐懼和匱乏的世界的來臨，已被宣布為普通人民的最高願望，

　　鑑於為使人類不致迫不得已鋌而走險對暴政和壓迫進行反叛，有必要使人權受法治的保護，

　　鑑於有必要促進各國間友好關係的發展，

　　鑑於各聯合國國家的人民已在聯合國憲章中重申他們對基本人權、人格尊嚴和價值以及男女平等權利的信念，並決心促成較大自由中的社會進步和生活水平的改善，

　　鑑於各會員國業已誓願同聯合國合作以促進對人權和基本自由的普遍尊重和遵行，

　　鑑於對這些權利和自由的普遍瞭解對於這個誓願的充分實現具有很大的重要性，

　　因此現在，大會，發布這一世界人權宣言，作為所有人民和所有國家努力實現的共同標準，以期每一個人和社會機構經常銘念本宣言，努力通過教誨和教育促進對權利和自由的尊重，並通過國家的和國際的漸進措施，使這些權利和自由在各會員國本身人民及在其管轄下領土的人民中得到普遍和有效的承認和遵行;

第一條

　　人人生而自由，在尊嚴和權利上一律平等。他們賦有理性和良心，並應以兄弟關係的精神相對待。

第二條

　　人人有資格享有本宣言所載的一切權利和自由，不分種族、膚色、性別、語言、宗教、政治或其他見解、國籍或社會出身、財產、出生或其他身份等任何區別。

　　並且不得因一人所屬的國家或領土的政治的、行政的或者

國際的地位之不同而有所區別，無論該領土是獨立領土、托管領土、非自治領土或者處於其他任何主權受限制的情況之下。

第三條

人人有權享有生命、自由和人身安全。

第四條

任何人不得使為奴隸或奴役;一切形式的奴隸制度和奴隸買賣，均應予以禁止。

第五條

任何人不得加以酷刑，或施以殘忍的、不人道的或侮辱性的待遇或刑罰。

第六條

人人在任何地方有權被承認在法律前的人格。

第七條

　　法律之前人人平等，並有權享受法律的平等保護，不受任何歧視。人人有權享受平等保護，以免受違反本宣言的任何歧視行為以及煽動這種歧視的任何行為之害。

第八條

　　任何人當憲法或法律所賦予他的基本權利遭受侵害時，有權由合格的國家法庭對這種侵害行為作有效的補救。

第九條

　　任何人不得加以任意逮捕、拘禁或放逐。

第十條

　　人人完全平等地有權由一個獨立而無偏倚的法庭進行公正的和公開的審訊，以確定他的權利和義務並判定對他提出的任

何刑事指控。

第十一條

一、凡受刑事控告者，在未經獲得辯護上所需的一切保證的公開審判而依法證實有罪以前，有權被視為無罪。

二、任何人的任何行為或不行為，在其發生時依國家法或國際法均不構成刑事罪者，不得被判為犯有刑事罪。刑罰不得重於犯罪時適用的法律規定。

第十二條

任何人的私生活、家庭、住宅和通信不得任意干涉，他的榮譽和名譽不得加以攻擊。人人有權享受法律保護，以免受這種干涉或攻擊。

第十三條

一、人人在各國境內有權自由遷徙和居住。

二、人人有權離開任何國家，包括其本國在內，並有權返回他的國家。

第十四條

一、人人有權在其他國家尋求和享受庇護以避免迫害。

二、在真正由於非政治性的罪行或違背聯合國的宗旨和原則的行為而被起訴的情況下，不得援用此種權利。

第十五條

一、人人有權享有國籍。

二、任何人的國籍不得任意剝奪，亦不得否認其改變國籍的權利。

第十六條

一、成年男女，不受種族、國籍或宗教的任何限制有權婚嫁和
　　成立家庭。他們在婚姻方面，在結婚期間和在解除婚約
　　時，應有平等的權利。

二、只有經男女雙方的自由和完全的同意，才能締婚。

三、家庭是天然的和基本的社會單元，並應受社會和國家的保護。

第十七條

一、人人得有單獨的財產所有權以及同他人合有的所有權。

二、任何人的財產不得任意剝奪。

第十八條

　　人人有思想、良心和宗教自由的權利;此項權利包括改變
他的宗教或信仰的自由，以及單獨或集體、公開或秘密地以教
義、實踐、禮拜和戒律表示他的宗教或信仰的自由。

第十九條

　　人人有權享有主張和發表意見的自由;此項權利包括持有主張而不受干涉的自由，和通過任何媒介和不論國界尋求、接受和傳遞消息和思想的自由。

第二十條

一、人人有權享有和平集會和結社的自由。

二、任何人不得迫使隸屬於某一團體。

第二十一條

一、人人有直接或通過自由選擇的代表參與治理本國的權利。

二、人人有平等機會參加本國公務的權利。

三、人民的意志是政府權力的基礎;這一意志應以定期的和真正的選舉予以表現，而選舉應依據普遍和平等的投票權，並以不記名投票或相當的自由投票程序進行。

第二十二條

　　每個人，作為社會的一員，有權享受社會保障，並有權享受他的個人尊嚴和人格的自由發展所必需的經濟、社會和文化方面各種權利的實現，這種實現是通過國家努力和國際合作並依照各國的組織和資源情況。

第二十三條

一、人人有權工作、自由選擇職業、享受公正和合適的工作條件並享受免於失業的保障。

二、人人有同工同酬的權利，不受任何歧視。

三、每一個工作的人，有權享受公正和合適的報酬，保證使他本人和家屬有一個符合人的生活條件，必要時並輔以其他方式的社會保障。

四、人人有為維護其利益而組織和參加工會的權利。

第二十四條

人人有享有休息和閒暇的權利，包括工作時間有合理限制和定期給薪休假的權利。

第二十五條

一、人人有權享受為維持他本人和家屬的健康和福利所需的生活水準，包括食物、衣著、住房、醫療和必要的社會服務；在遭到失業、疾病、殘廢、守寡、衰老或在其他不能控制的情況下喪失謀生能力時，有權享受保障。

二、母親和兒童有權享受特別照顧和協助。一切兒童，無論婚生或非婚生，都應享受同樣的社會保護。

第二十六條

一、人人都有受教育的權利，教育應當免費，至少在初級和基本階段應如此。初級教育應屬義務性質。技術和職業教育應普遍設立。高等教育應根據成績而對一切人平等開放。

二、教育的目的在於充分發展人的個性並加強對人權和基本自由的尊重。教育應促進各國、各種族或各宗教集團間的瞭解、容忍和友誼，並應促進聯合國維護和平的各項活動。

三、父母對其子女所應受的教育的種類，有優先選擇的權利。

第二十七條

一、人人有權自由參加社會的文化生活，享受藝術，並分享科學進步及其產生的福利。

二、人人對由於他所創作的任何科學、文學或美術作品而產生的精神的和物質的利益，有享受保護的權利。

第二十八條

人人有權要求一種社會的和國際的秩序，在這種秩序中，本宣言所載的權利和自由能獲得充分實現。

第二十九條

一、人人對社會負有義務，因為只有在社會中他的個性才可能得到自由和充分的發展。

二、人人在行使他的權利和自由時，只受法律所確定的限制，確定此種限制的唯一目的在於保證對旁人的權利和自由給予應有的承認和尊重，並在一個民主的社會中適應道德、公共秩序和普遍福利的正當需要。

三、這些權利和自由的行使，無論在任何情形下均不得違背聯合國的宗旨和原則。

第三十條

本宣言的任何條文，不得解釋為默許任何國家、集團或個人有權進行任何旨在破壞本宣言所載的任何權利和自由的活動或行為。

譯者言

　　首先，感謝本書的作者扎加先生，不顧個人的前途，不顧可能帶來的牢獄之災，身為一名藏族知識份子發出的本應發出的聲音。這聲吶喊已經和正在震醒藏族知識份子多少年來沉澱在血液裏的良心和昏昏欲睡的責任感。

　　華語世界對藏族和藏族社會的認識，一如既往，仍舊停留在中共當局醜化、抹黑、侮辱藏族人民而編造的愚化和誤導中國人民的宣傳層面上，一提起藏區，大部分華人的腦海裏就會出現《農奴》電影裏虛構的一幕幕及其原始野蠻的鏡頭。如此大量的歪曲宣傳使大部分華人對藏區的認識是非常片面和消極的。出現如此的現象也不能全怪中共當局的歪曲宣傳，這裏面也有大民族主義情緒下產生的唯我最強、唯我獨優、唯我獨大的唯我獨尊的種族偏見心理。

　　只因為如此，我經常把一些藏文文獻和資料譯成中文，又把中文文獻和資料譯成藏文，想讓更多的華語界的朋友瞭解

藏區的現實處境，能夠聽到更多的藏族人民發自內心深處的心聲，同時也希望更多的藏族人瞭解華人朋友的想法和看法。我總是努力起到一種藏漢兩族相互正常溝通的通道或橋樑的作用，因而，無償翻譯扎加先生編著的《藏區土鼠年和平革命》也是本著這個目的而出發的。

　　顛倒黑白，混淆是非，歪曲篡改歷史是中共的宣傳原則。如是2008年發生在藏區三區的和平革命，藏人的和平遊行隊伍一開始秩序井然，正常遊行，表達訴求。中共殖民統治當局欲鎮壓找不到藉口，於是讓武警，特警便裝混入遊行隊伍，開始大打出手，所謂「打砸搶燒」是他們一手挑起的，攪亂了和平遊行隊伍，然後栽贓于和平遊行隊伍，進行「名正言順」的暴力鎮壓。事後，這些便裝挑起打砸搶燒的真正兇手們立功受獎，而真正和平遊行的藏人卻慘遭屠殺監禁。然而以新華社為主的造謠、歪曲的核心喉舌，輪番播放「打砸搶燒」畫面，欺騙中國人民和世界人民。

　　2009年就聽說在藏區，地下出版並流傳著一本著名藏族學者扎加先生撰寫的評論2008年發生在藏區三區的和平革命事件的書，可是遲遲未能到手。2010年初，一位從安多（青海）到美國的先生帶出了幾本《藏區土鼠年和平革命》，幸好我得到了其中一本。

作者以喜、憂、懼、道四個不同的感受使本著作呈現出一個明快的結構路線。即：

看到圖博贊普的精神勇氣和意識的復興而喜；

尚且看不到中共強權的統治政策趨於鬆懈的跡象而憂；

藏人是否在無奈的窘境中誤入極端而懼；

最後指明尊者達賴喇嘛的中道思想和聖雄甘地的非暴力不合作精神是通向自由的複國之道。

本書的作者扎加先生屬於公眾人物，他的立場觀點，早為人們所知。作者在書中沒有應用普通讀者所喜愛的文風，而是由一些抽象的概念和諺語，古典，不過，書中的一些雙關性的諷喻，年代的比較，大膽直率的談論，又使本書趣味盎然。

當我翻閱此書時，具有詩意的《目錄》沒能給我留下什麼好感，倒是作者在書中大談中道思想和非暴力不合作精神覺得很新鮮，因為，在藏區境內很少看到有人談論這些。

當我一口氣讀完此書時，給我的感覺是有很多新的觀點和發現，但總覺得比較模糊難懂。於是我再次較仔細地閱讀了一遍，之後方覺，不愧是藏區學術界公認的新學派理論創立人扎加先生編著的，堪稱是第一個中道思想和非暴力不合作精神引進藏區的倡導者一點都不為過，也正可謂是一本擲地有聲的巨作。

　　然而，正如凡事沒有絕對的，都有優劣一樣，讀者對《藏區土鼠年和平革命》一書也有很多不同的見解，這些看法可以歸納為正反兩點上。

　　正面的評價是：毫無疑問，《藏區土鼠年和平革命》是藏族歷史上的一本「開天闢地」的巨作；作者身為中共體制內的一員，為民族的未來不顧牢獄之災的勇氣實屬藏族學術界之楷模；把尊者達賴喇嘛的中道思想和聖雄甘地的非暴力不合作精神首次引入藏區本土。

　　反面的評價是：脫離現實，沒有把當時激烈的情景記錄下來；藏族傳統的諺語和古典詞語太多，故造成難以理解；太自輕自賤，鄙視自己的民族，輕蔑藏族文化，過分尊崇奉拜西方思想，過分敬仰西方文化等等。

　　那麼，我作為譯者也想談一點我的感受。概而論之，特點之一是文辭優美，語言鏗鏘有力。藏文傳統文辭的文雅之美應用的正是無與倫比，最可貴之處當屬用藏族傳統的文辭和寫作手法來表述現代思想。

　　特點之二由一名中共體制內的藏族學者，並作為當時人對2008年藏區發生的和平革命事件予以全面評論和檢討。

　　特點之三是藏區本土出現的第一位倡導非暴力中道思想和不合作精神的學者。

　　特點之四是超越藏族傳統的看法，重新以現代科學的觀點和眼光審視傳統文化和宗教，並把次此運動和國際上的其他運動相提並論。

　　其實《藏區土鼠年和平革命》一書的特點還不止這些，以上這四點僅僅是我個人的看法，也是敦促我翻譯此書的動力。

　　扎加的這本評論2008藏區和平革命的巨作雖然在安多區的西寧市秘密出版後在西寧市以及附近的其他幾個藏人較多的地方地下流傳，之後中共當局查封了扎加的夫人經營的書店，不但把該書列為禁書而且還發起了回收和追查運動，但是，無疑此書對近年來藏區思想界的覺醒大潮推向了一個高點。

　　正如大家公認的「難懂」，在翻譯過程中也確實遇到很多困難，比如，具有藏族傳統詩意的《目錄》該怎麼翻譯？如果意譯會脫離原來的優美感和藏文化的特色，直譯吧又太難，還怕譯不准而搞不懂。還有，作者應用了很多藏族古典和諺語，也引用了很多藏族史書中的原文，甚至有些諺語和詞語引自《英雄格薩爾王傳》。所以，我花了很多時間翻閱資料，再加上資料的欠缺，經常需要向世界各地打電話發郵件詢問，這樣就加深了翻譯難度。另外，作者引用了許多古希臘哲學家和政治家的名言，以及近代西方哲學家的理論，這些都已經在中

文裏翻譯過，作者也是從中文或從英文翻譯成了藏文，而我又需要把它們重新翻譯成中文。搞翻譯的人都知道，一種文字翻譯成另一種文字已經和原意不一樣，成了第二次創作，如果不知道原文，被翻譯過的再翻譯成原文，用詞等方面很難達到一致。即使難度重重，但我竭盡全力嘗試能夠達到『離原文最佳近似度』的標準。

　　借此，我想談一下書名，原版藏文版的書名是《開天闢地》，副標題是《寫給土鼠年和平革命》。作者借盤古氏開天闢地，開始有人類歷史的中國古代神話傳說來比喻藏區發生的和平革命的空前和自古以來沒有過的現實價值，當然有他的獨到之處，藏文版用盤古氏開天闢地的神話故事作為書名確實對本書的整體內容起到了再恰當不過的藝術感染力和引申效果，也確實起到了借古喻今的作用。但是，本人覺得《開天闢地》作為漢文版的書名有所不妥，因為它缺乏吸引力和新鮮感，不能夠起到窺一斑而知全豹的效果，故此，我把副標題《寫給土鼠年和平革命》中去掉『寫給』兩個字，再加上『藏區』兩個字後把《藏區土鼠年和平革命》為本書的正名。作者在書中多次談及復興贊普精神，找回贊普時代地域、民族、俗民政治和國家意識的重要意義和緊迫性，因而，副標題為《吐蕃贊普精神文化復興之道》。

　　我在翻譯過程中選用了「藏區」而非「西藏」，因為在中國「西藏」只指所謂的「西藏自治區」並非整個藏族居住的區域，「西藏」一詞乃「衛和藏」兩地的位於「衛」西面的「藏」，是今日喀則一帶。現今「西藏」是藏區的三分之一的「衛藏」即「西藏自治區」的簡稱。有人考證「西藏」一稱的由來是說「西藏的『藏』是藏語『衛藏』的藏，是藏語音譯，加上漢語『西』，表示祖國的西部，由此構成『西藏』一稱」。既然是藏語的音譯，為什麼不音譯藏語自稱的「ﾟ」（博）的讀音，為什麼偏偏要音譯藏區局部一隅的稱謂，並作為整體的稱謂呢？如此有意混淆和模糊，以偏概全的稱謂明擺著含有政治陰謀。

　　滿清一朝，為了籠絡蒙古各部，「誨導愚蒙（乾隆語）」，遵奉達賴喇嘛，與博國政府交好，但是，吞我之心不死。在平準噶爾部後把青海從博國領土上割佔了，吳三桂野心膨脹，坐大雲南時強行割佔了迪慶，趙爾豐在四川無惡不作時割佔了甘孜。於是博國被蠶食得最後只剩下今「西藏自治區」的範圍。但即便如此，博國噶丹頗章王朝作為政教合一的政府通過格魯派大寺院作為政教統治中心對全藏行使著事實上的治理職能。就是在中共武裝侵佔博國後，博國流亡政府仍然以噶丹頗章王朝歷史的繼續一直存在到今天，國際社會也以「TIBET」泛稱全

部藏區即全博。

　　現今，對於博國的稱謂在藏語裏自古至今未變，仍以「བོད།」（博）來自稱，在英語裏也一直以「TIBET」來稱呼，可就在漢語裏有幾種不同的稱法，中國官方稱之謂「西藏或藏區」，境內的藏人稱之謂「藏區、雪域、博域」等，部分臺灣的學者和其他國家的漢人稱之謂「圖伯特、圖博」，在漢文的史書裏通稱博國為「吐蕃」，可是奇怪的是「吐蕃」的「蕃」在近期出版發行的《新華字典》裏唯讀「fan」，沒有讀「bo」的第二音，可是我在於1989年《上海辭書出版社》出版並發行的《辭海》裏查到「蕃」字是一個一字兩音的字，既讀「fan」也讀「bo」，至於《新華字典》為什麼要更改「蕃」的讀音還無從得知。

　　在翻譯人名國名和地名時根據原始法音，最大可能地予以音譯，這是翻譯時的基本原則，為此，任何一種語言在翻譯「TIBET」時都應該譯作「博」，因為「博」是藏語的原始發音。其實以漢字「博」來稱呼「TIBET」的歷史我們可以追溯到1935年「紅軍過草地」時經過博國安多馬爾康（今四川阿壩州）時，因為紅軍的印象，建立了第一個博國蘇威爾政府，當時稱此為「蘇威爾博政府」。

　　在華語界，尤其是中國大陸的華人不知道在青海，甘肅，四川和雲南四省自古就居住著四百多萬藏族人的實事，總是把所謂的「西藏自治區」誤認為是藏人居住的唯一區域。故此，我選用藏區是為了正確對待除了生活在所謂的「西藏自治區」的兩百多萬藏族人以外，四百多萬藏族人民自古以來就生活在康區和安多區的歷史事實。本書中的所有『藏區』指的是整個藏區，是藏區三區，也就是國際上通用的TIBET，（博）的地理範圍。

　　在翻譯過程中難免會出現一些錯誤和不清楚的地方，如果發現什麼翻譯不當之處，還請諸位指正，以便在下次印刷前做校正。

　　最後，我想在翻譯和出版過程中幫過一臂之力的所有先生和女士們，以及出版社表示我最真誠的感謝，特別是現居澳洲的著名中國流亡作家、自由主義法學家袁紅冰教授，趙晶女士，藏族自由撰稿人，藏漢雙語作家安樂業先生為出版《藏區土鼠年和平革命》所做的一切無私奉獻表示我最真誠的謝意。

牧人

於2012年8月15日華盛頓

血歷史45 PF0091

新銳文創
INDEPENDENT & UNIQUE

藏區土鼠年和平革命
——吐蕃贊普精神文化復興之道

作　　者	扎　加
譯　　者	牧　人
校　　正	袁紅冰
責任編輯	孫偉迪
圖文排版	楊尚蓁
封面設計	陳佩蓉

出版策劃	新銳文創
發 行 人	宋政坤
法律顧問	毛國樑　律師
製作發行	秀威資訊科技股份有限公司
	114 台北市內湖區瑞光路76巷65號1樓
	電話：+886-2-2796-3638　傳真：+886-2-2796-1377
	服務信箱：service@showwe.com.tw
	http://www.showwe.com.tw
郵政劃撥	19563868　戶名：秀威資訊科技股份有限公司
展售門市	國家書店【松江門市】
	104 台北市中山區松江路209號1樓
	電話：+886-2-2518-0207　傳真：+886-2-2518-0778
網路訂購	秀威網路書店：http://www.bodbooks.com.tw
	國家網路書店：http://www.govbooks.com.tw

出版日期	2013年03月　初版
定　　價	260元

國家圖書館出版品預行編目

藏區土鼠年和平革命：吐蕃贊普精神文化復興之道 / 扎加
著. -- 初版. -- 臺北市：新銳文創, 2013.03
　　面；　公分.
　ISBN　978-986-5915-59-9（平裝）
　1.藏族　2.民族文化

536.25　　　　　　　　　　　　　　　　102002141

讀者回函卡

感謝您購買本書，為提升服務品質，請填妥以下資料，將讀者回函卡直接寄回或傳真本公司，收到您的寶貴意見後，我們會收藏記錄及檢討，謝謝！如您需要了解本公司最新出版書目、購書優惠或企劃活動，歡迎您上網查詢或下載相關資料：http:// www.showwe.com.tw

您購買的書名：_____

出生日期：_____年_____月_____日

學歷：□高中 (含) 以下　　□大專　　□研究所 (含) 以上

職業：□製造業　□金融業　□資訊業　□軍警　□傳播業　□自由業
　　　□服務業　□公務員　□教職　　□學生　□家管　　□其它_____

購書地點：□網路書店　□實體書店　□書展　□郵購　□贈閱　□其他

您從何得知本書的消息？

　□網路書店　□實體書店　□網路搜尋　□電子報　□書訊　□雜誌

　□傳播媒體　□親友推薦　□網站推薦　□部落格　□其他_____

您對本書的評價：(請填代號　1.非常滿意　2.滿意　3.尚可　4.再改進)

　封面設計____　版面編排____　內容____　文／譯筆____　價格____

讀完書後您覺得：

　□很有收穫　□有收穫　□收穫不多　□沒收穫

對我們的建議：_____

_____

_____

_____

11466
台北市內湖區瑞光路 76 巷 65 號 1 樓

秀威資訊科技股份有限公司　　　收

BOD 數位出版事業部

....

（請沿線對折寄回，謝謝！）

姓　　名：＿＿＿＿＿＿＿＿＿　　年齡：＿＿＿＿　　性別：□女　□男

郵遞區號：□□□□□

地　　址：＿＿＿＿＿＿＿＿＿＿＿＿＿＿＿＿＿＿＿＿＿＿＿

聯絡電話：(日) ＿＿＿＿＿＿＿＿＿＿　(夜) ＿＿＿＿＿＿＿＿＿＿

E-mail：＿＿＿＿＿＿＿＿＿＿＿＿＿＿＿＿＿＿＿＿